CREZCAMOS
EN SABIDURÍA

CREZCAMOS EN SABIDURÍA

Cómo construir una verdadera fe

DAVID ROPER

PORTAVOZ

Título del original: *Growing Slowly Wise: Building a Faith that Works* © 2000 por David Roper y publicado por Discovery House Publishers, una división de RBC Ministries, Grand Rapids, MI 49512.

Edición en castellano: *Crezcamos en sabiduría: Cómo construir una verdadera fe,* © 2004 por David Roper y publicado con permiso por Editorial Portavoz, filial de Kregel Publications, Grand Rapids, Michigan 49501. Todos los derechos reservados.

Diseño de portada: John M. Lucas

EDITORIAL PORTAVOZ
P.O. Box 2607
Grand Rapids, Michigan 49501 USA

Visítenos en: www.portavoz.com

ISBN 0-8254-1623-X

1 2 3 4 5 edición / año 08 07 06 05 04

Impreso en los Estados Unidos de América
Printed in the United States of America

A Howard Hendricks,
quien me enseñó
a amar la Epístola de Santiago . . .
y quien la pone en práctica.

CONTENIDO

Si la epístola es 'de paja' entonces hay dentro de esa paja un grano muy bueno, fuerte y nutritivo, pero aún así sin trillar ni interpretar.

— *Johann Gottfried Herder*

Introducción

M artín Lutero tenía problemas con la Epístola de
Santiago. La creía desprovista de la gracia de Dios,
una regresión a la época del orden del "viejo pacto". No veía
indicio alguno de que Santiago comprendiera los grandes
temas de Pablo de la justificación y la santificación por medio
de la fe que habían influido su fe de forma tan poderosa. Y
por ende, desestimó la epístola, denominándola "una epístola
de paja". "Santiago", escribió él, "es una epístola mala y
peligrosa... me dan deseos de lanzar la 'epistolilla' al horno".

Después, me alegra decirlo, Lutero, cuya gran mente no
cesaba de crecer, corrigió su criterio sobre la Epístola de Santiago, quizá como resultado de varios análisis con su colega
Philip Melanchthon, luego de leer el comentario de Juan
Calvino sobre Santiago y ciertamente como resultado de la
inducción del Espíritu Santo. "Tengo muy buena opinión de
Santiago [ahora]", escribió él, "y la considero valiosa".

Yo también tengo problemas con la Epístola de Santiago,
pero por un motivo diferente. Tengo muy buena opinión de
ella y la considero valiosa, pero es una lectura muy difícil,
no porque sea difícil de entender, en verdad, la entiendo muy
bien, sino porque está llena de lo que los primeros discípulos de Jesús habrían denominado "palabras duras", precep-
tos que son difíciles de escuchar. Sin embargo, Santiago me
ofende. No puedo leer su libro sin sentirme aludido.

Él examina mi corazón y ve un mal infinito, orgullo, prejuicio, pretensiones de superioridad moral, hipocresía y engaño. Él identifica mis pecados fríos y deliberados del espíritu
y ministra su mensaje con una exactitud letal. Como solía
decir Howard Hendricks: "Santiago no bombardea la cubierta; él deja caer la bomba por la chimenea".

Santiago sigue rápidamente de un concepto escrutador a
otro en lo que hoy día denominaríamos "un raudal de conciencia", tocando un tema, iluminándolo, expandiéndolo,
aplicándolo y luego moviéndose a otro pensamiento, provo-
cado por una idea que se asocia ella misma en su mente. Sus
argumentos no siempre son fáciles de seguir ya que nos da
pocos indicadores gramaticales que demuestren cómo funciona su mente. Sin embargo, a pesar de la tendencia de Santiago de distraerse un poco y cambiar rápidamente de un
tema a otro, hay un tema claro que se abre camino a través
de la trama de su escritura. Es esa palabra antigua y buena,
santidad. Santiago nos hace ser "santos" como Dios es santo.

Santidad es una palabra aburrida en la actualidad, que
trae a la memoria imágenes de mojigatos anticuados que
siempre andan con un dedo levantado en gesto admonitorio,
que son buenos en el peor sentido de la palabra, hombres y
mujeres con un rostro moroso y hosco, llenos de rectitud y
de exigencia en su deber, "en espera de la próxima vida",
como expresó una vez un escritor del *Washington Post*.

Sin embargo, la verdadera santidad, no es para nada aburrida. Es fascinante y sorprendente. Es más que ser decente,
bueno, ético y recto. Tiene el aspecto que la Biblia denomina
"la *belleza* de la santidad". Es lo que Pablo tenía en mente cuando nos dice que "adornemos la doctrina de Dios" (Tit. 2:10).

Asimismo, Pedro escribe, "manteniendo buena vuestra
manera de vivir entre los gentiles; para que en lo que mur-
muran de vosotros como de malhechores, glorifiquen a Dios
en el día de la visitación, al considerar vuestras buenas obras"
(1 P. 2:12). La palabra, traducida aquí dos veces como "buena", quiere decir "algo bello que ver".

Esta es la ilustración de santidad que Santiago nos hace, un retrato que nos fascina y nos hace abrir los ojos ante la esperanza de que podemos ser más de lo que hayamos esperado; que nosotros también podemos llevar una vida de belleza y gracia singulares. Puede suceder a medida que lo recibamos humildemente. "Porque Jehová... hermoseará a los humildes", nos asegura el poeta de Israel (Sal. 149:4).

Esta es también la ilustración de santidad que puede fascinar a nuestros amigos incrédulos y despertar en ellos la esperanza de que, tal vez después de todo, haya algo más.

La mayoría de las personas desean verdad y justicia, aunque ese deseo con frecuencia se ve frustrado por lo que ven en ciertos cristianos en los que perciben pretensiones, rigor, desamor, falta de buen amor, personas que nunca sonríen, que no toleran una broma. Como Anthony Trollope dijo de su escrupulosa señorita Thorne, "[sus] virtudes son demasiado numerosas para entrar a describirlas y no son suficientemente interesantes para merecer una descripción". La conducta rara de estas personas solo desalienta al mundo espectador. Una "virtud" como esa es mucho menos interesante que el vicio para los incrédulos, aunque ellos se aferren a sus vicios y aún así puedan odiarlos. Son alejados no por Satanás, sino por los cristianos que conocen. Joy Davidman dice algo muy bueno al respecto cuando escribe: "Un mojigato (cristiano) hace incrédulas a cien personas".

Resulta triste decirlo, pocas personas han visto la realidad, esa calidad extraordinaria de la vida de la que habla Santiago, que solo se puede describir como "bella". Ojalá la tuviéramos usted y yo. "Si tan solo el 10 por ciento de la población del mundo [la notaran]", se preguntó una vez C. S. Lewis, "¿no sería el mundo converso y feliz antes de que concluyera el plazo de un año?"

David Roper
Boise, Idaho

SANTIAGO:
SIERVO DEL SEÑOR

**Santiago, siervo de Dios y del Señor Jesucristo, a las
doce tribus que están en la dispersión: Salud.**

— Santiago 1:1

Si yo fuera Santiago me presentaría como "Jacobo, el
hermano de Jesús", porque ese es exactamente quien él
era. Los autores del Evangelio lo afirman (Mt. 13:55; Mr. 6:3),
y Eusebio, el "Padre de la historia de la Iglesia" del siglo IV,
confirma su testimonio: "Entonces estaba Jacobo, a quien se
le conocía como el hermano del Señor; porque a él también
se le llamaba hijo de José".

Además, yo hubiera presentado mis credenciales, porque
Jacobo era un líder distinguido y célebre a principios del
surgimiento de la iglesia. Según Eusebio, los apóstoles, poco
antes de que se dispersaran por la persecución de Saulo, "eli-
gieron a Jacobo el Justo como obispo de Jerusalén". Lucas,
en Hechos, describe a Jacobo en el desempeño de ese papel,
dirigiendo la iglesia en Jerusalén en sus etapas de formación
con profunda sabiduría y experiencia práctica. En una ocasión, en la primera reunión de los líderes de la iglesia con
ciertos apóstoles presentes, la opinión de Jacobo pesó más
que la de los apóstoles (Hch. 15:1–29).

Aún así, Jacobo, resistiéndose al impulso de hacer valer su autoridad y hacer saber "el nombre", en "la humildad que proviene de la sabiduría", se describe sencillamente como "siervo de Dios y del Señor Jesucristo". Jacobo era un hombre sencillo y modesto.

La humildad escasea hoy día. Más de lo que somos capaces de admitir, muchos de nosotros somos líderes solo por el reconocimiento, los galardones, los honores personales y el prestigio que las posiciones nos confieren. En verdad, ¿cuántas ocupaciones ofrecen tantas oportunidades de lucir bien, llenarse de gloria, ser respetado, ser admirado, mostrar cuán sabios y conocedores somos? Con toda tranquilidad mencionamos nuestra educación, nuestros títulos, nuestros logros académicos, nuestras publicaciones, esperando impresionar a otros con nuestro conocimiento e importancia y de ese modo ejercer mayor influencia. Aún así, irónicamente, es esa postura la que nos despoja de la verdadera influencia, nuestra capacidad para influir a otros hacia Dios.

Las personas humildes y modestas siempre han sido los "mejores mentores". No persiguen su grandeza. No se pavonean ni tratan de ser centros de atención. No "tratan con prepotencia a quienes se les ha encomendado, sino que les sirven de ejemplo". Miran con honestidad sus debilidades y su propia necesidad de perdón. Por eso esas personas son delicadas, pacientes y perdonadoras cuando otros se equivocan y fallan. Son dóciles, se dejan enseñar y de ese modo son más conocedoras. Aprendemos de esas personas porque son como Jesús, "mansos y humildes de corazón".

Las palabras de Charles de Foucauld desde hace mucho tiempo siguen siendo acertadas: "Nunca piensen que ustedes al humillarse cuentan con menos poder para el bien. Por el contrario, al humillarse ustedes mismos están imitando y usando el mismo método que yo [Jesús] usé. Ustedes andan en mi senda y por ende en la verdad, y ustedes se encuentran en el estado adecuado para recibir la vida y trasmitírsela a otros. El mejor método para esto es mi senda. Yo descendí al nivel del hombre por medio de mi "encarnación" y al de los pecadores por medio de mi "circuncisión" y "bautismo". Sean modestos, modestos, modestos, humildes, humildes. Aquellos que estén exaltados sean últimos en un espíritu de modestia y servicio, amor por los hombres, humildad, soportando la posición más humilde hasta que la voluntad divina no los llame a ocupar otra, porque en ese caso ustedes deben obedecer... si son exaltados, entonces manténganse en humildad de alma como si fueran últimos; ocupen la posición exaltada como si estuvieran allí solo para servir a otros y para conducirlos a salvación" (*Meditations of a Hermit* [Meditaciones de un ermitaño]).

Hay otra cuestión tocante a Jacobo: Era fiel. Eusebio nuevamente, citando a otro historiador antiguo, Hegesippus, describió a Jacobo como alguien a quien "todos desde la época del Señor hasta nuestra época han denominado 'El Justo'", usando un equivalente para justo que significa, "como uno *debe* ser". Como el párroco de Chaucer, Jacobo era un "ejemplo a seguir, por su pureza, de tal modo debían vivir sus ovejas". Enseñó él:

> *La sabiduría de Cristo, y sus apóstoles doce,*
> *Mas enseñábales Él, con su propio ejemplo.*

La obediencia es esencial para los maestros porque es el fundamento de la comprensión y entendimiento espiritual. George MacDonald escribió: "Lo que preocupa a [los autores bíblicos] es bastante sencillo para el corazón fiel. Sin embargo, dista mucho de ser sencillo para el hombre cuyo deseo de entender antecede a su obediencia... Aquel que haga lo que ve, entenderá; aquel que se centra más en entender que en hacer, proseguirá tropezando y equivocándose y hablando tonterías. Aquel que corre es quien leerá, y ninguno otro".

Además, la obediencia es necesaria porque es el cimiento de todo poder espiritual. La autoridad no se gana por medio de educación, personalidad, intelecto, experiencia o promoción, sino por una voluntad a obedecer. Incluso Jesús dijo: "Si no hago las obras de mi Padre, no me creáis" (Jn. 10:37). Resulta tonto hacer caso omiso de nuestra propia vida interna al instruir y dar consejos a otros. "Preocúpense por ustedes mismos", dijo Pablo, "y [luego] por su enseñanza".

Hay un tercer factor que me exhorta a aprender de Jacobo (La carta se denomina de Santiago): Él estaba dispuesto a padecer por aquello en lo que creía. Entendió que no hay ministerio sin miseria, proclamación sin dolor, renovación sin la posibilidad de represalia. Él tenía lo que los cristianos antiguos denominaban *habitus practicus*.

Habitus practicus, como pueden suponer, es una frase antigua del latín que sugiere el hábito de proclamar la verdad sin temor ni favoritismo y una disposición a padecer las consecuencias de esa proclamación. Es algo así como un arte perdido en la actualidad, aún así yace en el corazón de toda vocación al ministerio.

Este *habitus practicus* se ve en Moisés al soportar a un pueblo refunfuñón e ingrato durante cuarenta años. En el dolor conmovedor de Jeremías al enfrentarse a los profetas mentirosos y maliciosos de Israel; en el ministerio y martirio de Esteban; en la descripción reiterada de Pablo de los padecimientos que soportó por el bien del evangelio. En la exhortación de Jesús a todos los discípulos a vivir como "ovejas entre lobos"; en su invitación al discipulado: "Si alguno quiere venir en pos de mí, niéguese a sí mismo, y tome su cruz, y sígame". Se ve en la disposición de Jacobo para morir por aquello en lo que creía.

El historiador judío Josefo nos dice que poco después de la muerte de Festo, el gobernador de Judea, el sumo sacerdote, Ananías, que odiaba y se oponía a Jacobo, convino un tribunal arbitrario, acusó a Jacobo de violar la ley e instó a los ciudadanos de Jerusalén a matarlo. Eusebio hace este relato de los últimos días de Jacobo:

> Cuando Pablo apeló a César y fue enviado a Roma por Festo, los judíos perdieron la esperanza que tenían en la

conspiración que habían tramado en su contra y volvieron su atención hacia Jacobo el hermano del Señor... Este es el crimen que cometieron contra él. Lo trajeron ante todo el pueblo y le exigieron que negara su creencia en Cristo. Pero cuando, en contra de todas las expectativas, mostró una intrepidez inimaginable ante la inmensa multitud... no pudieron soportar más su testimonio, ya que se le consideraba universalmente como el más justo de los hombres. Por lo tanto lo mataron.

Eusebio cita a Hegesippus, quien puede haber entrevistado testigos oculares de este suceso:

Cuando muchos incluso de la clase dominante creyeron, hubo un alboroto entre los judíos, escribas y fariseos, quienes dijeron que se corría un gran peligro de que todo el pueblo aceptara a Jesús como el Cristo. Así que se reunieron y le dijeron a Jacobo: "Trata por todos los medios de refrenar al pueblo, porque se han extraviado tras Jesús en la creencia de que Él es el Cristo. Trata de esclarecerles la verdad sobre Jesús a todos los que vengan para el día de Pascua. Todos aceptamos lo que tú dices: podemos dar fe de ello, y también todo el pueblo, que tú eres un hombre justo y no te fías de nadie. Así que esclarécele a la multitud que no deben extraviarse en lo que se refiere a Jesús: todo el pueblo y nosotros aceptamos lo que tú dices. Así que párate en el parapeto del templo, para que así desde esa altura se te pueda ver fácilmente, y todo el pueblo oiga tus palabras". Porque por la Pascua todas las tribus se han reunido, y los gentiles también.

Y así los escribas y los fariseos obligaron a Jacobo a pararse en el parapeto del santuario y le gritaron: "Justo... dinos lo que quiere decir 'la puerta de Jesús'". Él contestó tan alto como pudo: "Les digo que el Hijo del Hombre está sentado a la diestra de la Gran Potestad, y Él vendrá en las nubes del cielo".

Muchos estaban convencidos y se gloriaban en el testimonio de Jacobo, gritando: "¡Hosanna al Hijo de David!" Luego nuevamente los escribas y los fariseos se dijeron entre sí: "Hemos cometido un grave error al concederle un testimonio así a Jesús. Mejor subimos y lo lanzamos hacia abajo, para que se asusten y no le crean".

Y subieron y lanzaron hacia abajo al justo. Luego se dijeron unos a otros, "Apedreemos a Jacobo el Justo", y comenzaron a apedrearlo, porque a pesar de su caída aún se encontraba con vida. Pero él se volvió y se arrodilló, pronunciando las palabras: "Te suplico, Señor Dios y Padre, perdónalos; ellos no saben lo que hacen".

Mientras lo apedreaban, uno de los descendientes de Recab, el hijo de Rachabim, la familia sacerdotal a la que Jeremías el profeta le dio testimonio, gritó: "¡Deténganse! ¿Qué hacen? El justo está orando por ustedes".

Luego uno de ellos, un batanero, tomó el mazo que usaba para abatanar las ropas y golpeó con el mazo al Justo en la cabeza. Tal fue su martirio. Fue enterrado allí mismo, cerca del Santuario, y su lápida está aún allí cerca del Santuario.

Un indicio de integridad es la disposición de perderlo todo por aquello en lo que uno cree. Jacobo lo perdió todo.

Finalmente, me siento atraído hacia Jacobo porque es sensato: Él habla de esas verdades instintivas y esenciales que nos posibilitan como seres humanos asociarnos unos con otros en amabilidad, cortesía, fidelidad, amor y deleite. Coleridge lo denominó: "Sentido común a un grado poco común". Jacobo (Santiago) lo denomina "sabiduría".

El método de Jacobo (Santiago) no persigue tanto informar como reafirmar lo obvio, porque nadie tiene que decirnos lo que debemos ser. Nosotros lo sabemos. De hecho, no podemos despojarnos de estas intuiciones y de nuestro deseo de conformarnos nosotros mismos a ellas. El problema, como siempre ha sido, la conformidad.

Por lo tanto, Jacobo apela a aquellas conductas que son buenas, fieles, bellas, y luego, de la manera más sencilla posible, nos dice cómo adoptarlas. Él escribe de una manera acogedora, apelando al corazón del hombre o mujer promedio, niño o niña promedio. Él habla de un modo sensato y asequible para todos.

Existe una palabra yídish antigua, *mensch*, que como tantas palabras yídish lo dicen todo. Un *mensch*, según mi diccionario yídish, es "alguien que es suficientemente fiel, sensato y sabio para dejar de ser ingenuo, pero no cínico. Una persona que aconseja para nuestro beneficio más que para el suyo propio. Un *mensch* no actúa por miedo, ni porque desee lograr en alguien una buena impresión, sino por una convicción interna fuerte de quién él es y lo que él representa. Un *mensch* es completo", o como dirían los autores bíblicos, "cabal".

Jacobo (Santiago) es mi *mensch*.

Que se frustren todas tus expectativas;
Que se frustren todos tus planes;
Que todos tus deseos se vuelvan nada...
Que puedas experimentar la impotencia y la pobreza de un
niño y cantar y bailar en la compasión de Dios
Que es Padre, Hijo, y Espíritu. Amén.
                    — Bendición de Brennan Manning

PADECER SATISFACTORIAMENTE

Hermanos míos, tened por sumo gozo cuando os halléis en diversas pruebas, sabiendo que la prueba de vuestra fe produce paciencia. Mas tenga la paciencia su obra completa, para que seáis perfectos y cabales, sin que os falte cosa alguna.

— Santiago 1:2–4

El dolor es real, tan real como lo es el placer. La enfermedad, la soledad, la humillación, la frustración, la incitación al pecado, "pruebas de muchos tipos", nos caen encima como ladrillos cayendo de un camión de carga, uno tras otro. "Si algo puede salir mal, saldrá mal", nos asegura la ley de Murphy, y, como expresó una vez un amigo mío atribulado, Murphy era optimista.

Aún así hay otra ley, el dictamen de Santiago, yo lo denomino: "Padecer nos hace madurar". El dolor, lejos de ser un obstáculo para nuestro desarrollo y crecimiento espiritual, es su condición, el medio por el que obtenemos las virtudes y gracias decisivas que anhelamos y por las que hemos orado tanto. Es la historia de cada hombre o mujer que ha marcado su edad. Es la forma en la que nos volvemos "maduros y cabales". Sin ello no aprovecharíamos al máximo nuestra vida.

Santiago describe nuestras tribulaciones como "la prueba de [nuestra] fe". La palabra prueba significa "probado y aprobado". La palabra se encuentra en el fondo de las antiguas vasijas de barro que se habían moldeado, cocido, inspeccionado y se habían evaluado de perfectas. Cumplía la misma función de nuestro "Buen sello doméstico de aprobación o sello de calidad".

"Fe", la otra palabra que usa Santiago, es confianza en Dios y en sus recursos para que vele por nosotros a través de las provocaciones, caprichos y exigencias de este mundo. Es más que una mera creencia. Es una determinación firme para que por medio del poder y la presencia de Dios que mora dentro de nosotros convirtamos aquello en lo que creamos en conducta piadosa. El padecimiento es el medio por el que se logra ese fin perfecto. Así es como funciona:

Cuando se nos presenta un problema tenemos dos opciones. Podemos verlo como una intrusión, un ultraje o podemos verlo como una oportunidad para responder a él con una obediencia específica a la voluntad de Dios. Esta es esa virtud fuerte que Santiago denomina "paciencia".

La paciencia no es una resignación entre dientes, ni tampoco una aquiescencia pasiva. Es "una larga obediencia en la misma dirección". Es quedarse en el sendero de la obediencia a pesar de las contraindicaciones. Es una determinación obstinada a perseguir la santidad cuando las condiciones de la santidad son desfavorables. Es una decisión en medio de nuestro padecimiento de hacer lo que Dios nos ha pedido, lo que sea y durante el tiempo que Él nos pida hacerlo. Como escribió Oswald Chambers: "Decidir sufrir no tiene sentido alguno; *decidir la voluntad de Dios en medio de nuestro padecimiento tiene todo el sentido del mundo*".

No siempre decidiremos hacer lo correcto. Habrá momentos en los que nos olvidemos de la Palabra de Dios, de su gracia habilitadora o sencillamente nos rehusemos a hacer su voluntad. Hay algo dentro de nosotros tan defectuoso y caído que no estará a la altura de las circunstancias. No obstante, tan pronto como podamos, debemos regresar al sendero de la obediencia.

Creo que eso es lo que Santiago quiere decir cuando nos insta a dejar que la perseverancia "produzca su resultado perfecto". Debemos mantenernos así. Debemos sumarnos a Dios en la obra de madurarnos. Debemos perseverar hasta que se haga la obra perfecta. El único defecto fatal, como dijo C. S. Lewis, es rendirnos.

Nos sentimos inclinados a preocuparnos cuando nos encontramos atrapados en algún proceso, nos impacientamos con nuestro progreso, preguntándonos si Dios sabe lo que está haciendo, nos inquietamos porque Él no nos ha despojado de nuestro pesar, nos queremos rendir, nos amargamos por dentro y sentimos lástima de nosotros mismos.

"Me pregunto por qué Dios me creó", rezonga la señora Faber, uno de los personajes de George MacDonald, su triste corazón estaba rendido por el sufrimiento. "Te aseguro que no sé qué sentido tuvo crearme". "Quizá no mucho todavía", le responde su amiga, Dorothy, "pero Él no ha terminado contigo. Él te está creando ahora y tú estás peleando por lo que Él está haciendo contigo".

Dios nos está creando ahora; solo estamos a medio terminar. Pero Él obra usando cada artilugio, incluso el dolor, para lograrlo. No debemos pelear por lo que Él hace, sino soportar nuestra porción de padecimiento, no esforzarnos ansiosamente para dar lo mejor de sí, sino encontrarle la lección a cada pesar y encontrar en la Palabra de Dios el acto correspondiente de obediencia que requieren las circunstancias, luego pedirle a Dios que nos muestre cuál es su voluntad y cómo podemos obedecerlo.

Si tan solo creyéramos que estamos en proceso de creación y dispuestos consintiéramos a que se nos creara. Si tan solo nos sometiéramos completamente a las manos de nuestro Creador como el barro se somete al alfarero. Si tan solo nos rindiéramos a las circunstancias cambiantes de su rueda. Si tan solo… si tan solo… pronto podríamos darle la bienvenida a la presión de esa mano, aunque se sienta dolor, y divisar el fin, llevar a la gloria uno de los hijos de Dios.

Hace poco leí estas palabras de uno de los poetas de Israel: "Porque tú nos probaste, oh Dios; nos ensayaste como se afina la plata. Nos metiste en la red; pusiste sobre nuestros lomos pesada carga. Hiciste cabalgar hombres sobre nuestra cabeza; pasamos por el fuego y por el agua, y nos sacaste a abundancia" (Sal. 66:10–12).

La plata se prueba con el fuego pero el corazón se prueba con dolor. Lo principal en la vida no es *hacer*, sino *devenir*. Para esto nos preparamos a diario.

Resulta difícil entender por qué año tras año se perpetúa alguna prueba dura. Parece que se malgasta nuestro tiempo; no hacemos nada y por ende no se hace nada. Lo que debemos ver es que detrás de cada dificultad yace el propósito y amor de Dios. Se nos ha ubicado en un conjunto específico de circunstancias que nos proporcionarán la mejor oportunidad para manifestarse y por ende, adquirir esas virtudes en las que somos más deficientes. Un matrimonio difícil, un chico difícil, una ocupación sin sentido, una enfermedad persistente, el confinamiento de la vejez, todas estas dificultades han sido filtradas por el amor de Dios para nuestro bien.

Él se sienta pacientemente junto al crisol, resuelto a la labor, templando el calor, apartando la escoria, esperando a que su rostro se refleje perfectamente en la superficie.

No nos puede suceder nada que no haya sucedido primero por las manos de Dios. "Ni un solo astil nos puede golpear, hasta que el Dios de amor lo crea conveniente". No seremos destruidos, nos asegura Dios. Solo lo que es indigno en nosotros será quemado. Podemos descansar en la voluntad de Dios y ver lo que hará de nosotros al final.

Saber que Dios está detrás de nuestro padecimiento le da mucho más sentido. "La voluntad de Dios es como una almohada suave", dijo F. B. Meyer, "sobre la que puedo descansar mi cabeza y encontrar reposo en todas las circunstancias".

Nuestra dura prueba puede ser una vocación a mostrar osadía frente a gran oposición o a mostrar dulzura ante un empeoramiento prolongado. En cualquier circunstancia, Dios está con nosotros. Él nos enviará gracia para obedecer el tiempo que sea necesario. Cada día una nueva fuerza y coraje nos sobrevendrán y podremos hacer o resistir un poquito más de lo que hayamos creído posible. Notaremos que nos volveremos más fuertes, mejores y más sabios. La perseverancia hace su obra perfecta, convirtiéndonos gradualmente en el tipo de hombre o mujer que más admiramos ahora.

Si hoy se equivoca, no se preocupe. Usted es un hijo de Dios plenamente perdonado en camino a la perfección. Algún día se parará ante Él, "sin mancha ni arruga", y Dios le dirá a su Hijo, como dijo de su primera creación: "¡*Es bello!* ¡Justo lo que siempre pensé!"

Y mientras tanto, aunque sufra gran dolor, será afrontado y amado. Pablo escribió: "Bendito sea el Dios y Padre de nuestro Señor Jesucristo, Padre de misericordias y Dios de toda consolación, el cual nos consuela en todas nuestras tribulaciones... " (2 Co. 1:3–5).

Hace unos años la Radio Pública Nacional (*National Public Radio*) le hizo una entrevista a Madeleine L'Engle, en la que ella habló sobre la relación entre la fe y la imaginación. Ella terminó con esta historia que proviene de la tradición rabínica judía: "Un estudiante se dirigió a un rabí y le preguntó: '¿Por qué en Isaías la Palabra de Dios está escrita *sobre* sus corazones en lugar de estar *dentro* de sus corazones?' El rabí respondió: 'Aún no están preparados para eso. Está sobre sus corazones para que cuando sus corazones se quiebren la Palabra pueda caer dentro'".

La Palabra de Dios nos sobreviene en el quebranto de nuestra salud, en la desintegración de nuestra personalidad, en la destrucción de nuestro matrimonio, en el desmoronamiento de nuestras amistades y en los fragmentos de nuestros sueños deshechos. Nos rodea aguardando la grieta más pequeña por la que pueda entrar.

Por ende, "considérelo puro gozo... siempre que enfrente pruebas de muchos tipos". ¡Alégrese! ¡Cante! ¡Regocíjese! Dios está haciendo de usted algo mejor de lo que usted haya creído posible.

Nuestro artífice principal con hábiles manos de amor
    nunca ha dejado
De tejer nuestra vida con la de Cristo sentado
    arriba glorificado;
Y aunque al principio, como edredón parezca
    desde abajo,
hasta ver con paciencia los hilos finales, no veremos
    su arte terminado.

Usa hilos de plata, de oro y otros de tono
    más brillante,
Pero también algunos rojos y negros para darle realidad
    a su obra resultante.
¿Quién sino Dios sabe cuándo y dónde dar
    cada pequeña puntada;
cuándo probar y cuándo bendecir para lograr
    una labor connotada?
Y aunque su Palabra asegura y confirma que todas
    las cosas a bien han de obrar,
Tememos a las marcas que traen las cuerdas,
    al bastidores de madera transformar.
Así pues entregue su bastidor vacío, extraído
    del árbol del Calvario,
Y que cada momento a partir de ahora sea bordado
    según su obrar extraordinario.

— *Desconocido*

Santiago habría estado de acuerdo.

Desviarse de la verdad nunca puede ser sabio... El camino más sabio para el discípulo es siempre acatar únicamente la Palabra de Dios con toda sencillez.

— *Dietrich Bonhoeffer*

HACERSE SABIO

Y si alguno de vosotros tiene falta de sabiduría, pídala
a Dios, el cual da a todos abundantemente y sin
reproche, y le será dada. Pero pida con fe, no dudando
nada; porque el que duda es semejante a la onda del
mar, que es arrastrada por el viento y echada de una
parte a otra. No piense, pues, quien tal haga, que
recibirá cosa alguna del Señor. El hombre de doble
ánimo es inconstante en todos sus caminos.

— Santiago 1:5–8

Anhelamos ser "perfectos y cabales sin que nos falte nada"
(Stg. 1:4), aún así nos damos cuenta de que somos tan
tontos, fundamentalmente en momentos de desasosiego y
tribulaciones. Sin embargo, Dios tiene paciencia con nuestras
tonterías. Podemos pedir sabiduría cuando la necesitemos y
se nos concederá "abundantemente y sin reproche", como
expresa Santiago. "Dios da sin burlarse [mofándose de
nosotros por errores vergonzosos]", fue la traducción
pintoresca y exacta que Juan Bunyan hizo de la promesa de
Santiago.

Sin embargo, resulta importante saber en qué consiste la
sabiduría, porque no es lo que nosotros conocemos, podemos
adquirir sabiduría por nuestra cuenta, pero cómo debemos

ser y, según Santiago, su adquisición no está en nuestras manos. Viene de lo alto. Las Bienaventuranzas de Jesús facilitan un gran entendimiento de lo que significa ser sabio. Él habló de ser puro, ser humilde, ser misericordioso. Él habló de actitudes y virtudes que tenemos muy arraigadas, y dijo, "Si quieren ser felices y sabios así deben ser".

El teólogo Fenton Hort, de un modo similar, describe la sabiduría como "ese legado de corazón y mente que se necesita para la buena conducta de la vida". La sabiduría es "buena conducta", pero es más que ser simplemente bueno. (¡Dios nos salve de personas simplemente buenas!) Es el don de Dios a nuestra alma de una belleza rara, lo que las Escrituras denominan "la belleza de la santidad" y siempre luce mejor cuando se inserta sobre el fondo oscuro del padecimiento intenso.

¿Y cómo luce la sabiduría? Bueno, para comenzar (y solo para comenzar) es razonable, flexible, perdonadora, apacible, afectuosa, dada a visitas amistosas, pequeños actos de cortesía y palabras amables. No es sagaz ni santurrona. Es humilde, transparente, sencilla, delicada, misericordiosa hasta los tuétanos. La sabiduría, como diría Salomón, ilumina nuestro rostro (Ec. 8:1).

"¿Dónde se hallará la sabiduría?", preguntó Job en su gran pesar. "No se halla en la tierra de los vivientes. El abismo dice: No está en mí; y el mar dijo: Ni conmigo. No se dará por oro, ni su precio será a peso de plata. No puede ser apreciada con oro de Ofir, ni con ónice precioso, ni con zafiro. El oro no se le igualará, ni el diamante, ni se cambiará por alhajas de oro fino. No se hará mención de coral ni de perlas; la sabiduría es mejor que las perlas preciosas. No se igualará con ella topacio de Etiopía; no se podrá apreciar con oro fino. ¿De dónde, pues, vendrá la sabiduría?" (Job 28:12).

Job responde su propia pregunta: "Dios entiende el camino de ella y conoce su lugar" (Job 28:12, 23).

La sabiduría se encuentra fuera del alcance de la determinación humana. No está en nosotros ni alrededor nuestro. "Viene de lo alto", como afirmaría más tarde Santiago (Stg. 3:17). Debemos "pedir" sabiduría. Así y solo así podrá ser concedida. "La sabiduría", escribió Spurgeon: "Es una belleza de la vida que solo puede producirla la obra de Dios en nosotros".

Dios no se satisface en salvarnos solo de este mundo. Él quiere cambiarnos, hacernos reales en la justicia que hay en su Hijo. El único camino al cambio real es pedir su ayuda. Cuando lo hagamos, estaremos sujetos al tratamiento completo. El objetivo de Dios para nosotros es mayor de lo que podríamos imaginarnos.

Sin embargo, hay una condición: Cuando pidamos, debemos "creer y no dudar". Acá "dudar" no tiene nada que ver con has cuestiones de fe, sino con tener "doble ánimo" o "doble espíritu", para usar las palabras exactas de Santiago, querer santidad, pero no quererla, si sabe a qué me refiero.

La persona de doble espíritu está dividida, inseguro de si quiere hacer lo que Dios le ha pedido. Este es el "Señor de dos caras" de Juan Bunyan. Este es el joven Agustín y su oración de dos caras y retardadora: "Señor, hazme puro, pero todavía no". Este es el hombre o mujer que nada entre dos aguas, quien, nos asegura Santiago, "no deberá pensar que recibirá cosa alguna del Señor". Es como "una onda del mar, que es arrastrada por el viento y echada de una parte a otra"... Es "inconstante en todos sus caminos", errático, temeroso, inquieto, incompetente, inútil.

Jesús oró en el momento de su mayor prueba: "No mi voluntad, más hágase la tuya". En medio de todos nuestros problemas, cuando pidamos la sabiduría de la voluntad de Dios debemos, como nuestro Señor, estar dispuestos a ello. Solo así se puede dar el don. Como expresa tan bien George MacDonald: "Dios nos llevará en sus brazos hasta que podamos andar, y nos llevará en sus brazos cuando no podamos andar. Pero Él no nos llevará en sus brazos si no queremos andar".

De vez en cuando me tengo que preguntar: "¿Estoy ha-
ciéndome sabio a medida que envejezco o sencillamente me
estoy volviendo otro viejo tonto?" Envejecer nos puede volver amargados y malintencionados o, por la gracia de Dios,
nos puede volver más misericordiosos. Mucho depende de
cómo crezcamos.

La vida es implacablemente dinámica. Igualmente nos volvemos más amables y más amistosos o nos convertimos en
viejos cascarrabias y de pocos amigos a quien nadie soporta
a su lado. (Le llaman "ponerse malo" en Narnia.) El mal genio es una de las obras supremas de Satanás. La pregunta
siempre es la siguiente: ¿Cómo estoy creciendo?

A pesar de nuestra insensatez pecaminosa Dios nos ama
con un afecto intenso y ardiente que nos puede librar si tan
solo nos sometiéramos a Él. Su amor puede convertir la naturaleza más difícil en un milagro de belleza asombrosa.
Puede que duela un poco y puede que se tarde un poco, crecemos "en sabiduría", como dijo Wagner's Parcifal, pero Dios
persigue al final nuestra transformación. La sabiduría comenzará a surgir en nosotros y se derramará por sí sola sobre
otros.

Aquí tenemos la promesa de Santiago: cuando las pruebas nos acosen y carezcamos de sabiduría, cuando seamos
tentados a caer en maldad, depresión, mal humor, amargura, y otra mala conducta, podemos pedir sabiduría y "se nos
concederá"... Si en medio de nuestras tribulaciones pedimos
la ayuda de Dios, Él nos escuchará.

"La sabiduría dice a cualquier *simple*", dijo el sabio: "Ven
acá" (Pr. 9:4). La sabiduría tiene un solo requisito: "Debemos
saber que somos simples".

Yo tengo más que E. H. Harriman [el magnate del ferrocarril], porque yo tengo todo el dinero que quiero, y él no.

— *John Muir*

EL POBRE RICO
Y EL RICO POBRE

**El hermano que es de humilde condición, gloríese en
su exaltación; pero el que es rico, en su humillación;
porque él pasará como la flor de la hierba. Porque
cuando sale el sol con calor abrasador, la hierba se seca,
su flor se cae, y perece su hermosa apariencia; así
también se marchitará el rico en todas sus empresas.**

— Santiago 1:9–11

Érase una vez, como comienzan la mayoría de todas las
historias inventadas, un asesor de inversiones que se
encontró con un genio camino a la oficina. Cuando le
concedieron un deseo él pidió una copia del *The Wall Street
Journal* del próximo año y apresuradamente buscó la página
de la bolsa para planificar su golpe.

Recibió más de lo que pidió. En la otra página vio su propio rostro, en un obituario que describía su muerte en un
accidente automovilístico el día anterior.

Ese es el problema con el dinero, ya ven: *nuestro* final. "El
sol sale con calor abrasador, la hierba se seca, su flor se cae, y
perece su hermosa apariencia; así también se marchitará el
rico en todas sus empresas" (Stg. 1:11).

La brevedad y lo endeble de la vida han inspirado numerosas metáforas en la literatura: La existencia humana se compara con un sueño, una niebla, una nube de humo, una sombra, un gesto en el aire, una oración escrita en la arena. Aquí Santiago compara el período de nuestra vida con un ramillete de flores que se marchita y muere en el viento. Arruinamos nuestra vida tratando de acumular dinero. Arruinamos nuestras vacaciones, salud, matrimonio, hijos, y amistades, y ¿por qué? Al final nos marchitamos y morimos y dejamos nuestras riquezas. Es por eso que el dinero, no importa cuánto tengamos, es una mala inversión.

Sin embargo, hay más sobre el dinero que el simple hecho de dejarlo. El mayor problema es que puede arruinarnos la vida *en este instante*. Nos hace creer que el dinero, cuando tengamos suficiente, nos hará seguros e importantes.

Jacob Needleman escribe en la introducción de su libro, *El dinero y el significado de la vida*: "Siempre me he imaginado la pobreza asociada con el temor y la preocupación por el futuro, temor por el abandono, temor por el peligro físico y el temor por la soledad. Me imagino al pobre atrapado, tenso, malicioso, cruel. Me lo imagino aburrido, sin esperanzas o consumido por fantasías absurdas". La respuesta, continúa diciendo, es hacer dinero, porque el dinero habla y nos dice que somos muy importantes.

El dinero sí habla, insiste Needleman, pero mayormente nos miente. En verdad no es cierto que el dinero nos hará sentir más seguros y exitosos. Los adinerados saben que no es cierto: "Nunca basta con lo que se tiene". Tener dinero es solo una incitación a tener más.

Además, el dinero también nos engaña diciéndonos que somos sabios y poderosos. Como reflexionó Tevya, el violinista sentado en el techo, cuando eres rico no importa si respondes bien o mal, "porque cuando eres rico ellos creen que tú sabes de verdad". ¿Pero no resulta raro que con frecuencia a los ricos, despojados de su riqueza, se les considera grandes tontos?

La ruina financiera puede hacerlo parecer tonto, pero también puede ser una circunstancia para obtener gran sabiduría. Nos enseña la rara inversión de Santiago: "El hermano que es de humilde condición, gloríese en su *exaltación*; pero el que es rico, en su *humillación*" (Stg. 1:9–10, cursivas añadidas).

La pobreza nos puede enriquecer porque en ella aprendemos el secreto de la verdadera riqueza. Ser rico no se trata de tener dinero: "Es un estado de ánimo". Hay una riqueza que nos deja en una pobreza extrema y una pobreza que nos hace fabulosamente ricos.

El dinero, si lo amamos, nos empobrecerá, porque alejará nuestro corazón del bien. "Si tu ojo es maligno", dijo Jesús, "todo tu cuerpo estará en tinieblas, ¿Cuántas no serán las mismas tinieblas?" (Mt. 6:22–23).

Si fijamos nuestros ojos en la riqueza [riqueza material] ensombrecerá nuestro corazón, nublará nuestro juicio, nos dejará inseguros y confundidos moralmente. Nos conducirá a malas decisiones, decisiones que desafían la lógica y que nos hacen negar nuestros valores más prominentes. Amañaremos, engañaremos, desfalcaremos, malversaremos, mentiremos y robaremos. Finalmente, haremos cualquier cosa por hacer unos centavos. La luz de nuestro corazón se apagará y, como dijo Jesús, "¿Cuántas no serán las mismas tinieblas?" (Mt. 6:23).

Pero peor aún, el amor por el dinero alejará nuestro corazón de Dios. "Ninguno puede servir a dos señores", dijo Jesús. "Porque o aborrecerá al uno y amará al otro, o estimará al uno y menospreciará al otro. No podéis servir a Dios y a las riquezas" (Mt. 6:24). Si pensamos en el dinero todo el tiempo, con el tiempo, no pensaremos en Dios.

Las riquezas destruyen nuestro apetito natural por Dios. Sustituye un hambre por otra. Nos acoge con moda, estilo, en boga, adornos. Cambiamos nuestros gustos de cosas primarias a secundarias y Dios se desvanece de nuestra mente. Desear dinero, lo que los sabios denominan *avaricia*, es un estado de ánimo en el que se hace más fácil olvidar a Dios que en cualquier otro.

Juan Bunyan, en *El peregrino*, escribe de la ruina de algunos viajeros: "...encontrando al otro lado una pequeña altura llamada Lucro, y en la altura [había] una mina de plata. Algunos de los que antes habían pasado por allí habían dejado el camino para visitarla, porque la hallaban muy rara; pero le sucedió que, acercándose demasiado al borde del hoyo, siendo falso el terreno que pisaban, cedió, cayeron y murieron; otros no murieron, pero se imposibilitaron allí, y hasta el día de su muerte no les fue posible recobrar sus fuerzas".

Si amamos el dinero, esa devoción inexorablemente suplantará nuestra pasión por Dios y quedaremos lisiados y perderemos la vida por él. "Estimaremos al uno" y "menospreciaremos al otro". Puede que lidiemos con Dios por un tiempo, pero finalmente lo negaremos. "Una pasión prominente en el pecho... consume el resto", dijo Alexander Pope.

Por lo tanto, Dios en su misericordia hará una de dos cosas por nosotros: Él nos dará dinero y nos dejará con una decepción desgarradora por el dinero o Él nos lo quitará todo. De cualquier forma, Dios está obrando, humillándonos, quitándonos la preocupación de las riquezas, librándonos de nuestras ataduras a "los juguetes terrenales y placeres materiales", como suele decir mi esposa, ubicando nuestro afecto en cosas más altas. Esta es la ruina que nos enriquece; la "humillación" que nos deja mejor que nunca antes.

Lo que Dios deja atrás es oro puro: "Tenemos a Dios y todo lo que Él concede. No necesitamos nada más". El poeta de Israel escribió inspirado en su pobreza: "Con todo, yo siempre estuve contigo; me tomaste de la mano derecha. Me has guiado según tu consejo, y después me recibirás en gloria... ¿A quién tengo yo en los cielos sino a ti? Y fuera de ti nada deseo en la tierra... Pero en cuanto a mí, el acercarme a Dios es el bien" (Sal. 73:23–28).

Esta es la vida buena. ¡Éste es el hombre más rico de la tierra!

¿Para qué acecha la tentación sino para al hombre acosar
y amo y siervo ante su presencia ver sus piernas doblar,
Y así, en triunfo, sobre un pedestal estar?

— *Robert Browning*

¿POR QUÉ NOS ACECHA LA TENTACIÓN?

Bienaventurado el varón que soporta la tentación; porque cuando haya resistido la prueba, recibirá la corona de vida, que Dios ha prometido a los que le aman. Cuando alguno es tentado, no diga que es tentado de parte de Dios; porque Dios no puede ser tentado por el mal, ni él tienta a nadie; sino que cada uno es tentado, cuando de su propia concupiscencia es atraído y seducido. Entonces la concupiscencia, después que ha concebido, da a luz el pecado; y el pecado, siendo consumado, da a luz la muerte. Amados hermanos míos, no erréis. Toda buena dádiva y todo don perfecto desciende de lo alto, del Padre de las luces, en el cual no hay mudanza, ni sombra de variación. El, de su voluntad, nos hizo nacer por la palabra de verdad, para que seamos primicias de sus criaturas.

— Santiago 1:12–18

La vida es tentación. Nos persigue a través de la niñez, la adolescencia, la adultez, la vejez y la senilidad, justo hasta las puertas del cielo. Nos seduce en el trabajo y el juego. Se inmiscuye en nuestros pensamientos, nuestros sueños e incluso en nuestras oraciones. "Las tentaciones al pecado *de seguro* vendrán", dijo Jesús.

Dios nos podría librar de tal seducción, pero ha determinado no hacerlo, por una buena razón: "Dios permite la tentación al pecado", dijo Agustín, "para transformarla en un bien mayor".

"Las personas malas, en un sentido, saben muy poco de la maldad", dijo C. S. Lewis. "Han llevado una vida protegida rindiéndose siempre. Nunca nos damos cuenta de la fuerza del mal que llevamos dentro hasta que intentamos combatirlo".

La tentación nos hace saber "la fuerza del mal que llevamos dentro" y revela el material frágil del que estamos hechos. Nos humilla. Nos hace confiar más en la fuerza de Dios y por ende, somos menos propensos a rendirnos.

Santiago se atreve a decir incluso que somos "bendecidos" por medio de la tentación (la misma palabra encontrada en las Bienaventuranzas de Jesús), porque cuando hayamos perseverado (resistido la tentación) recibiremos la "corona de vida". Santiago usa un equivalente para *corona* que en su época se refería a la corona de olivo que se otorgaba a los que competían en los juegos olímpicos y corrían bien. La corona de vida es una corona de triunfo otorgada a alguien que ha corrido la carrera de la vida, ha terminado fuerte, y se ha colocado "en triunfo sobre un pedestal".

Aunque Dios permita la tentación Él no es la fuente de la misma, nos asegura Santiago. "Cuando alguno es tentado, no diga que es tentado de parte de Dios; porque Dios no puede ser tentado por el mal, ni él tienta a nadie" (Stg. 1:13).

No es de la naturaleza de Dios atraernos al pecado. No, el problema somos *nosotros*. Somos tentados cuando somos "atraídos y seducidos" por nuestra propia concupiscencia, nuestros anhelos por algo aparte de Dios o algo más de lo que Dios ha decidido concedernos.

El pecado comienza con la provocación, un simple pensamiento, una seducción al mal. Siempre que la provocación carezca de imagen, no se le permita convertirse en imaginación y fantasía, no hay pecado. La tentación se convierte en pecado solamente cuando nos imaginamos el acto y nos entretenemos con gran placer con las imágenes. Los antiguos autores cristianos denominaban esto "acoplamiento", porque ya a ese extremo hemos acoplado nuestra mente y emociones al pecado.

Entonces se activa la voluntad, asentimos a los impulsos del pecado y actuamos en consecuencia, la que a su vez nos predispone al pecado habitual y continuo. En principio retenemos nuestro libre albedrío, pero en la práctica la fuerza de hábito nos dificulta cada vez más resistirnos y nos conduce a obsesiones, compulsiones, frustraciones, depresiones y una profunda fatiga que no tiene cura. Así es como la tentación "da a luz el pecado; y el pecado, siendo consumado, da a luz la muerte [del alma]".

Luego, Santiago nos hablará sobre otra fuerza motriz que interviene: Una personalidad maligna detrás de toda tentación, nuestro adversario el diablo que nos "atrae", para usar las palabras exactas de Santiago, nos engancha y nos atrae al pecado (Stg. 4:7).

Jesús describió a Satanás como un "mentiroso y homicida" (Jn. 8:44), un maniaco homicida y artero semejante al Dr. Hannibal Lecter, psiquiatra convertido en asesino psicópata en *El silencio de los corderos*. A Lecter lo llamaban "Hannibal el caníbal" porque se comía a sus víctimas. Asimismo Satanás anda merodeando, "buscando a quien devorar" (1 P. 5:8). Es un depredador siempre al acecho, sediento de carne y nosotros somos su presa.

Sin embargo, como la mayoría de los psicópatas, Satanás es delicado y encantador. "Él tiene poder para asumir una figura agradable", dijo Hamlet. Es un caballero con buenos modales y un gusto impecable. Es de alta alcurnia y por ende, puede ganarse el favor de muy buena compañía. Está rodeado de personas bellas y hace que su conducta, aunque sea anormal y sus actos peligrosos, nos parezca buena. Leemos sobre sus estilos de vida y "lo consumimos", como solemos decir, sin saber que los que están a punto de ser consumidos somos nosotros. Satanás no pretende nada bueno.

Dios, por el contrario, no pretende nada *más que* el bien, y no tiene nada más guardado que el bien para nosotros: "Toda buena dádiva y don perfecto desciende de lo alto, del Padre de las luces, en el cual no hay mudanza, ni sombra de variación". Él es el Creador de la luz, todo lo que es bueno, verdadero y bello, y el que nos da luz. En Él no hay sombras ni tinieblas, no hay doble juego, ni engaño, ni duplicidad. Él es verdad pura.

Por medio de la verdad Dios "nos hizo nacer... para que seamos primicias de sus criaturas" (Stg. 1:18). Esta es otra forma de decir que los propósitos de Dios son completamente buenos. A diferencia de Satanás que quiere tomar vidas, Dios anhela dárnosla. La "palabra de verdad" es el medio por el cual se dio la vida originalmente y el medio por el que se sostiene y se completa. Por medio de la verdad nos convertimos en las "primicias" de Dios, la flor y nata, la crema, lo mejor que puede ser un hombre o una mujer.

¿Cómo, entonces, podemos evitar caer en manos de la amenaza y el engaño de Satanás? *Prestándole atención a la Palabra de Dios.* Así es como funciona.

Los propósitos de Satanás siempre comienzan con un amago, una pista falsa, una mentira, alguna tergiversación sutil de la verdad que, de actuar en consecuencia, nos alejarían de Dios, y, de darles seguimiento hasta el final, nos exterminarían. Sus propósitos apenas parecen malignos, nuestra mente repele el mal evidente, que con mucha frecuencia está disfrazado de bien. Satanás añade una tintura de gracia y belleza a cada atractivo para que no reconozcamos su toxicidad letal. Es muy fácil ser arrastrados.

Debemos hacerle frente a cada una de las mentiras de Satanás con verdad, hacerle frente cuando entre por primera vez en nuestra mente. Thomas à Kempis dijo: "Las tentaciones se superan más fácilmente si no se les permite entrar nunca. Atiéndalas en la puerta tan pronto llamen y no las deje pasar".

La forma de rechazar a Satanás es hacerle frente al principio antes de que recupere fuerzas y lo sobrecoja. Manténgase alerta, atento, vigilante. Hágale frente inmediatamente con la Palabra de Dios y despídalo, como despediría a algún vendedor ambulante detestable, antes de que ponga un pie en la puerta. Recuerde alguna frase específica que Dios le haya dado que hable de esa mentira en particular que Satanás le dice y sométase a esa verdad.

Esa fue la respuesta de nuestro Señor a las tentaciones del diablo. La estrategia de Satanás era provocar la desobediencia de Jesús, pero a cada intento de Satanás el Señor le respondió con una frase específica: "Escrito está...". En cada caso Él contraatacó el engaño de Satanás con una verdad correspondiente y se sometió humildemente a la misma.

Eso es lo que Santiago denomina "perseverancia", una determinación obstinada a buscar la santidad cuando las condiciones de la santidad no son favorables. Es resistir a Satanás recordando lo que Dios le ha pedido hacer y determinando hacerlo por su gracia. Es la forma de superar al maligno. "Una palabrita", dice Lutero, "lo derribará".

Recuerdo una caricatura de *Far Side* que vi hace unos años, donde aparecía un mamut lanudo que yacía sobre su costado, derribado por una pequeña flecha que lo había golpeado en su vientre. Dos cavernícolas sorprendidos parados a su lado con sus arcos en la mano, boquiabiertos por lo que habían hecho. "Tenemos que acordarnos de ese lunar", le dice uno al otro.

Satanás tiene una parte vulnerable débil y desprotegida: "Es vulnerable a la Palabra de Dios». Con ese fin debemos entregarnos a conocerla, guardándola en nuestro corazón (Sal. 119:11), meditando sobre ella de día y de noche (Sal. 1:2), permitiendo que "more en abundancia [en nosotros]" (Col. 3:16). El poder de Satanás se basa en el engaño; nuestra arma es la verdad. "Nuestra defensa es segura".

Según la *Odisea* de Homero, Ulises trataba de llegar a casa donde su familia y le estaba costando trabajo lograrlo. En el camino se encontró con la encantadora y peligrosa Circe, de quien se decía, convertía a los hombres en cerdos.

Cuando Ulises evitó satisfactoriamente sus atractivos, ella le confió que le aguardaban pruebas más severas, las sirenas, doncellas lozanas y seductoras cuya isla yacía a lo largo de los estrechos y cuyas canciones alejaban a los viajeros del hogar y la familia.

Circe le aconsejó a Ulises que sus hombres le pusieran tapones en sus oídos con cera y se atara al mástil. Sin embargo, Ulises, tuvo otra idea mejor. Él sí hizo que sus hombres le taparan sus oídos y él sí se ató al mástil, pero también hizo que su amigo, Orfeo, que era un músico de gran talento, se sentara en la cubierta y compusiera una melodía tan agradable que guardara su corazón de las sirenas. De esa manera, Ulises "soportó la prueba". Él mantuvo su curso estricto y llegó a su casa a su adorada Penélope.

Por lo tanto, cuando Satanás comience a cantar suavemente una de sus tonadas seductoras y fatales, cante para sí la letra de la Palabra de Dios, "cantando y alabando al Señor en vuestros corazones" (Ef. 5:19). Y luego sométase a esa Palabra. Esta es "la salida" de Pablo (1 Co. 10:13). Esa la única manera de vencer.

La obediencia es el camino a la libertad.

— C. S. Lewis

LA LEY QUE NOS LIBERA

Por esto, mis amados hermanos, todo hombre sea pronto para oír, tardo para hablar, tardo para airarse; porque la ira del hombre no obra la justicia de Dios. Por lo cual, desechando toda inmundicia y abundancia de malicia, recibid con mansedumbre la palabra implantada, la cual puede salvar vuestras almas.

Pero sed hacedores de la palabra, y no tan solamente oidores, engañándoos a vosotros mismos. Porque si alguno es oidor de la palabra pero no hacedor de ella, éste es semejante al hombre que considera en un espejo su rostro natural. Porque él se considera a sí mismo, y se va, y luego olvida cómo era. Mas el que mira atentamente en la perfecta ley, la de la libertad, y persevera en ella, no siendo oidor olvidadizo, sino hacedor de la obra, éste será bienaventurado en lo que hace.

— Santiago 1:19–25

Santiago ha escrito sobre la "palabra de verdad", nuestra defensa segura contra Satanás. "Por esto," [lo que él ha escrito] "mis amados hermanos, todo hombre sea pronto para oír, tardo para hablar, tardo para airarse" (Stg. 1:19).

No basta solamente con conocer la Palabra. Debemos "escuchar [la]" y "hacer lo que dice".

Aquí Santiago impone la necesidad de respuesta. Lo que distingue la Palabra es el cambio que logra en nosotros, pero para que se note su distinción debemos decidir si la recibiremos con humildad o nos opondremos a ella. Lo que Santiago explica complementa la parábola de Jesús del sembrador y las semillas (Mt. 13:1–9). La semilla es la Palabra que se "siembra" en nosotros. Llega a nosotros a través de la lectura, a través de la predicación, la enseñanza y el consejo de los amigos sabios. Si somos buena tierra se siembra en nosotros, echa raíz y finalmente produce fruto. Si no recibimos la Palabra se irá a otro lugar y echará raíz en otra persona, produciendo felizmente el fruto del Espíritu. Sin embargo, nos molestaremos y nos sentiremos perturbados, enojados y llenos de agresión neurótica.

La palabra que Santiago usa, traducida "airarse", sugiere una ira ambiental (comparada con una ira pasajera). El arzobispo Richard Trench lo define como "un hábito mental establecido". Es una hostilidad y amargura del alma arraigadas, un espíritu inquieto y discutidor que arremete contra la justicia, el objetivo hacia el que está dirigida esta epístola.

Raro, ¿no es así?, que cuando no "practicamos" la Palabra, cuando vemos nuestro pecado reflejado en sus páginas y nos alejamos desafiantes, impenitentes, degeneramos en resentimiento contra Dios y su pueblo. Eso es porque no hay éxtasis moral. Nos volvemos más delicados y misericordiosos o más deformados y rencorosos. No existe, según dicen los filósofos, *tertium quid* alguna, tercera cosa alguna.

La manera de crecer en gracia es ser "pronto para oír", para oír lo que Dios nos dice. Esa es la idea que Santiago compara con ser "tardo para hablar [conversar]", es decir, conversar sobre la Palabra de Dios, analizándola, examinándola, abstrayéndola, mientras tanto edificando muros de orgullo y raciocinio para que el corazón permanezca independiente. "Decir y no hacer", como deben saber, es uno de los temas predominantes de Santiago.

A Santiago le preocupa nuestra tendencia a acercarnos a

la Biblia como un objeto de curiosidad intelectual, para estudiarla asiduamente, hablar de ella incesantemente, pero no hacer nada con la información que recopilamos. Esto, dice Santiago, es como mirarnos al espejo y ver suciedad en nuestro rostro, pero decidir no hacer nada al respecto. Creemos en la Palabra, pero no pensamos en función del arrepentimiento, fe y obediencia. Una lectura así, insiste Santiago, es totalmente peligrosa.

C. S. Lewis piensa en este tipo de persona cuando hace que su demonio mayor, Screwtape, le dé el siguiente consejo a su sobrino, Wormwood:

> Lo más importante es evitar que (el nuevo cliente cristiano de Wormwood) haga algo. Siempre que no acometa acción alguna, no importa cuánto piense en este nuevo arrepentimiento. Deja a la pequeña bestia regodearse en él. Déjalo que escriba algún libro al respecto, si tiene alguna aptitud para ello; con frecuencia esa es una manera excelente de esterilizar las semillas que siembra el enemigo en un alma humana. Deja que haga cualquier cosa menos actuar. Ninguna cantidad de piedad de su imaginación y afecto nos hará daño si podemos mantenerla lejos de su voluntad.

El problema es que mientras más lejos de nuestra voluntad mantengamos la Palabra, más teórico, abstracto y distante se vuelve Dios. Después comienzan a sucedernos cosas terribles: nuestro corazón comienza a endurecerse (porque la verdad no experimentada siempre nos brutaliza), aparece la frialdad, y finalmente la amargura se escribe en nuestra alma.

La verdad sí exige cierto análisis y entendimiento, pero no tanto como pensamos. Hay un orden en la forma en la que Dios revela la verdad y ese orden es inmaculado: Él habla; nosotros obedecemos; Él explica, quizás.

Sencillamente no resulta cierto que debamos entender un

texto para poder obedecerlo. Dios no está obligado a explicarnos nada y hay algunas cosas que nos explicará nunca hasta que lleguemos al cielo y tengamos un corazón puro. Debemos obedecer entendamos o no. Debemos poner fin a nuestra queja inquieta y charlatana sobre la Palabra de Dios y "aceptarla humildemente".

La palabra que Santiago usa, "humildemente", es una gran palabra griega sin equivalente exacto en el español. Se refiere a alguien que se deja enseñar, es dócil, suficientemente modesto para aceptar consejo y aprender. Es alguien que está dispuesto a inclinarse en reverencia ante cada palabra con sumisión humilde.

Como lo describe T. S. Eliot:

> *Usted no está aquí para comprobar,*
> *Instruirse, saciar curiosidad*
> *Ni para notificar. Usted está aquí para arrodillarse.*

Note la orden de Santiago: Debemos desechar "toda inmundicia y abundancia de malicia". "Inmundicia" es cualquier cosa que esté sucia y nos profane como seres humanos. (La palabra significaba "cerumen" en libros médicos antiguos.) "Malicia" es un término genérico para cualquier cosa fea y degradante que "se entrelaza por sí sola" (el significado de "frecuente") alrededor de nuestra alma y nos enreda.

Santiago no insiste en que nos enderecemos antes de que la Palabra nos enderece. No, a Santiago le preocupa una determinación, una disposición fundamental a desechar cualquier cosa que nos profane, cuerpo, alma o espíritu.

Lo que Santiago quiere decir es lo siguiente: "Si nos descubrimos leyendo la Palabra sin que esta nos haya cambiado, puede ser que haya alguna *indisposición* en nosotros a dejar que Dios repare todo lo que es indigno y erróneo. La desprevención y la resistencia atan sus manos.

¿Cuál es la solución? "Aceptar humildemente la Palabra", abandonar nuestra postura defensiva, leer con disposición a obedecer para que la semilla germine en la tierra suave y blanda de nuestra alma.

Dios puede entonces usar su Palabra para investigar y hurgar en nuestro orgullo, avaricia, codicia, pensamientos de odio, rencores e indiferencia hacia la necesidad humana. Él puede desenterrar los secretos y pensamientos sombríos sepultados en nosotros que nos profanan de modo tan grande. Él puede corregir todo hábito dañino, toda mala actitud, toda perspectiva perturbadora, toda manera destructiva de relacionarse con otros. Él puede comenzar a lidiar con todo mal, todas las actitudes y acciones malignas, si estamos dispuestos a renunciar a ellas. Si nos entregamos en las manos de Dios, Él puede y comenzará a cambiarnos.

A eso se refiere Santiago con la "ley perfecta". Es perfecta ya que no hay ley que sea mejor; es perfecta ya que no hay ley que nos pueda hacer mejores. Su intención es acercarnos al fin perfecto de Dios, a la conformidad del carácter de su Hijo, Jesucristo.

Además, la Palabra "da libertad". "Solamente el sabio es libre", decían los filósofos estoicos, "y todo tonto es esclavo". La libertad no es el poder de hacer lo que queremos. (Ese es el peor tipo de esclavitud.) Es el poder de hacer lo que debemos, de ser como Dios en todo cuanto hacemos y decimos.

Hay poder en la Palabra. Los que examinen atentamente la ley perfecta de Cristo y estén dispuestos a practicarla "serán bendecidos en sus empresas", enriquecidos y fortalecidos por la gracia de Dios para conformarse a su voluntad. El cambio requiere una alteración de nuestra voluntad, pero es una alteración que no puede tener lugar aparte de la intervención del Todopoderoso. Sin que Dios obre a través de su Palabra no podemos hacer nada; pero con Él todas las cosas son posibles. "Bienaventurados los que tienen hambre y sed de justicia", dijo Jesús, "porque ellos serán saciados" (Mt. 5:6).

Me refiero es a lo siguiente: "El mayor goce del fruto de la

Palabra lo tienen aquellos que interfieren menos en su obra". La Palabra llevará a cabo su obra si la recibimos con un "corazón noble y bueno" (Lc. 8:15). Los que están dispuestos a colaborar con Dios, los que le permitirán hacer lo que Él quiera, cómo quiera y cuándo quiera hacerlo, producirán una cosecha más abundante de justicia. Dios nos quiere cabales, felices y eso sucederá si no nos interponemos.

Este criterio complementa lo que Santiago ha dicho desde el principio: "La intención de Dios es hacernos perfectos y cabales". No es que el juicio caerá sobre nosotros si no logramos darle la respuesta apropiada a su Palabra, sino que nos perderemos todo el bien que Dios nos tiene guardado.

Para la planta, no poder producir fruto no es un castigo infligido sobre ella, sino una desviación infeliz del propósito para el que fue creada. Lo mismo sucede con nosotros. La resistencia a la Palabra de Dios quiere decir que no cumplimos el propósito para el que fuimos creados, nuestra libertad, nuestro fruto, nuestra plenitud.

En otras palabras, si respondo de un modo deficiente a la Palabra de Dios no he fracasado solamente en cuanto a estar a la altura de un conjunto de reglas que Dios elaboró y dictó. He fracasado en cuanto a estar a la altura de identidad y destino como persona. Esa es mi tragedia.

Esta gesta puede realizarla el débil con tanta esperanza como el fuerte. Y ni la fuerza ni la sabiduría nos hará ir muy lejos. Aún así, con frecuencia tal es el curso de las obras que mueven las ruedas del mundo: las hacen pequeñas manos porque deben hacerlas, mientras que los ojos del grande están en otra parte.

— *J. R. R. Tolkien*

LAS COSAS PEQUEÑAS SIGNIFICAN MUCHO

Si alguno se cree religioso entre vosotros, y no refrena su lengua, sino que engaña su corazón, la religión del tal es vana. La religión pura y sin mácula delante de Dios el Padre es esta: Visitar a los huérfanos y a las viudas en sus tribulaciones, y guardarse sin mancha del mundo.

— Santiago 1:26-27

Lo bello, lo especial, lo extraordinario se encuentra en lo ordinario si es que se ha de encontrar en algún lado, y en todas partes, sobre todo lo que se ha hecho en el nombre de Jesús, por pequeño que pueda ser, existe una sensación de santidad.

La santidad tiene que ver con las pequeñas cosas de la vida, hacer buenas cosas en secreto y en silencio. Esto es pura religión, dice Santiago: "Visitar a los huérfanos y a las viudas en sus tribulaciones, y guardarse sin mancha del mundo".

Obras calladas y sin pretensiones, hechas con esfuerzo y en silencio, atacan nuestro orgullo, nuestra sed de poder y prestigio, nuestro deseo de reconocimiento y aprobación, nuestra determinación de ser importantes. Ellas nos entrenan en la práctica de la humildad, que es la práctica esencial de la piedad.

Me parece a mí, que raras veces se dan grandes actos de virtud, y raras veces son difíciles de realizar. Tienen su propia recompensa: La agitación y el reconocimiento que obtenemos al resolver empresas difíciles y exigentes, los admiradores que atraemos al hacerlo. Resulta más difícil entregarnos a actos ocultos y no anunciados que nadie ve. Pero estas son las mejores obras de todas, sus elementos no se encuentran en ninguna otra religión ni sistema ético.

Religión, interesante palabra. Santiago usa una palabra que apenas aparece en el Nuevo Testamento. Se refiere a lo que acompaña la adoración: liturgia, ceremonia y ritual. Es lo que conocemos en la actualidad como la parte de *adoración* de un culto en la iglesia. "Para Santiago la adoración real no radicaba en vestiduras muy elaboradas, ni en noble liturgia, ni en una música magnífica, ni en un culto cuidadosamente elaborado: radica en el servicio práctico de la humanidad y la pureza de la vida de la persona" (William Barclay). La adoración real se muestra en actos de caridad y pureza.

Se da el caso de alguna religión que es "vana", para usar la palabra precisa de Santiago, ya que no surte efecto alguno sobre nosotros. No nos cambia. El que practica esa religión "se engaña a sí mismo" (una frase que nos regresa al versículo 22: "no tan solamente oidores, *engañándoos* a vosotros mismos"). Creemos que estamos haciendo bien pero no es así.

Esta es una religión que viene de parlotear la Palabra pero no practicarla. La Palabra trata de actuar sobre nosotros, pero no la recibimos humildemente y por lo tanto, no deja huella alguna en nuestra alma. Esa religión, dice Santiago, es ilusoria e imaginativa porque no nos cambia.

La religión verdadera se muestra en actos de amor callados y espontáneos, visitando "huérfanos y viudas en sus tribulaciones", ocupándose de los desafortunados y los indefensos, los acongojados, los que no tienen amigos, los abandonados, los pilluelos, "los desgraciados de la tierra". Hace lo que la mayoría de las personas no están dispuestas a hacer. "Enaltece lo que el mundo descuida", dice G. K. Chesterton.

Dios está de parte de la viuda y el huérfano, quizá porque la mayoría de las personas no lo están: "Deja tus huérfanos [conmigo]", dice Él, "Yo los criaré; y en mí confiarán tus viudas" (Jer. 49:11). Él es "Padre de huérfanos y defensor de viudas..." (Sal. 68:5). Somos muy parecidos a Dios cuando cuidamos de aquellos que Él cuida.

Resulta interesante: Se dice nueve veces o más que Jesús fue "movido a compasión". En cada caso Él hizo algo. Sanó, alimentó, oró o enseñó en respuesta. Él hizo algo que alivió de alguna manera el sufrimiento.

El buen samaritano fue denominado "bueno" porque hizo algo. El sacerdote y el levita, que conocían todas las palabras correctas, no hicieron nada. "¿Quién, pues, de estos tres te parece que fue el prójimo del que cayó en manos de los ladrones?", preguntó Jesús. El intérprete de la ley respondió, "El que usó de misericordia con él". "Ve, y haz tú lo mismo", dijo Jesús (Lc. 10:36–37).

Quizá, para algunos, todo cuanto podemos hacer es tener compasión, "sufrir con ellos", como sugiere la etimología de la palabra *compasión*. No podemos arreglarlos, ni lidiar con asuntos pasados que los desgarraron, pero podemos sufrir con ellos. Quizá solo podemos hacer cosas pequeñas por ellos, pero, como nos recordaba la Madre Teresa, podemos hacerlas con gran amor.

Se me ocurre que una manera de poner a prueba la autenticidad de nuestra religión es preguntarnos ¿a quién nos acercamos en nuestro andar por la vida: a los corredores de poder, a la plana mayor, a las personas maravillosas que nos hacen sentir tan bien sobre nosotros mismos? ¿O nos acercamos a los que no tienen nada en este mundo, y los que no pueden hacer nada por nosotros? ¿Estamos dispuestos a hacer amistad y escuchar a las personas raras que otros esquivan? ¿Podemos amarlos cuando el amor parece inútil, cuando no podemos ayudarlos? ¿Podemos quererlos a ellos aunque nunca nos devuelvan nuestro afecto? ¿Podemos hacer esto en una obediencia fiel a Dios, aunque nadie lo vea o lo conozca excepto Él?

Podemos cuando recordamos que Dios es el Padre de los oprimidos y los privados, y eso nos incluye a nosotros. Nosotros también no tenemos más que desdicha para traerle a Dios. Solo cuando recordamos su piedad para nosotros podemos hablar o actuar en piedad. Luego tendremos una religión que Dios puede aceptar.

Más adelante, escribe Santiago, la religión verdadera se caracteriza por una determinación a "guardarse sin mancha del mundo". Y así introduce el concepto más interpretado y aplicado equívocamente, "el mundo".

La Biblia dice: "No améis al mundo", ¿y quién de nosotros puede discutir esa directiva? Todos los buenos cristianos saben que no deben ser como el mundo. ¿Pero qué quiere decir ser mundano?

Cuando era joven la mundanería era fumar, beber, jugar a los naipes, apostar, ir al cine y más. Pero esas proscripciones no profundizan lo suficiente: no tocan el corazón. Me es posible evitar hacer alguna o todas ellas y aún así estar con mancha.

Puedo evitar beber cervezas e ir bailes románticos y aún así abrigar una gran amargura y resentimiento en mi alma. Puedo echar a un lado el vicio de fumar y aún así seguir siendo ambicioso. Puedo ir a cultos de oración y estudios bíblicos y aún así chismear, murmurar, destruir y arruinar la vida del prójimo. Puedo evitar el cine y todas sus impurezas y aún así reproducir en mi mente imágenes indecentes y corromperme desde adentro. Puedo mantenerme alejado de los salones de billar y los juegos de póquer y aún así estar corrupto cuando no se me mima ni consiente.

No tiene sentido, y no debiera. No debiera porque estas convenciones pierden el sentido. El centro de la mundanería radica en otras cosas, en los fríos orígenes de los motivos e intenciones, en las actitudes del mundo que contaminan nuestra alma.

La mundanería es ser rencoroso cuando nos rechazan o nos tratan con condescendencia. Es resentirse cuando nuestras contribuciones se pasan por alto. Es reaccionar defensiva y airadamente a las palabras que nos dicen. Es amargarnos cuando se prefiere a otro y no a nosotros. Es abrigar rencores, alimentar agravios, regodearse en la autocompasión. Estas son las formas en las que el mundo nos contamina más.

Dios tiene algo mejor para nosotros: "Él quiere que nos despojemos de todo rencor, de toda amargura en palabra o pensamiento, toda evaluación y medición de nosotros mismos según una norma diferente de aquella que aplicamos a otro. No quiere que se tuerza el gesto. No quiere que mostremos indiferencia hacia el hombre de cuyo servicio nos servimos; ni deseos de sobresalir por encima de otro; ni contentamiento por ganar a pérdida de otro. No quiere que recibamos el menor servicio con ingratitud. No quiere escuchar de nosotros una frase para desgarrar el corazón de otro, una palabra que provoque dolor, por fugaz que pueda ser ese dolor" (George MacDonald). Que Dios llene cada hendija y ranura de nuestro ser con esa religión.

"Pero", dice usted, "Nunca lo veré en mí. Soy imperfecto desde el comienzo, estoy maldecido por algún ancestro, incapacitado físicamente por las malas obras de mis padres, cargado de inseguridades y predilecciones pecaminosas. No puedo convertirme en este tipo de persona".

Algunos de nosotros *constituimos* casos difíciles. Imperfectos por el medio y la heredad, nuestra personalidad se resiste al cambio. Aún así rendirse no hace bien alguno. Si lo hacemos solo empeoraremos.

No, la única cura es entregar nuestra alma a Dios para sanidad. Así entonces Él puede comenzar a desarrollar una cura. Él discierne las posibilidades en la vida más dañada y difícil y Él puede tomar todo lo que es indigno en nosotros y paulatinamente convertirlo en bien.

El proceso no es rápido ni indoloro. A menudo parece caótico y sujeto a una demora agonizante. El progreso no se logra con saltos mayúsculos, sino por medio de unos cuantos pasos tentativos y un número de caídas fuertes. Es una cosa escalofriante, mejor vista de modo retrospectivo que prospectivo. Aún así día tras día Dios nos lleva por el sendero hasta el lugar donde él quiere que estemos. Esa es nuestra garantía.

He aquí otra. Si hace esto probablemente no sea renombrado ni reconocido en este mundo, pero su Padre, que ve lo que usted ha hecho en secreto, lo recompensará. Sostendrá una dulce fraternidad con aquel que vivió para hacer aquellas cosas humildes que otros rechazaron y no hicieron, y un día muy pronto Él cantará su alabanza ante el universo. "Porque nada hay oculto, que no haya de ser manifestado; ni escondido, que no haya de ser conocido, y de salir a la luz" (Lc. 8:17).

En las grandes hazañas los héroes solo desempeñan un pequeño papel.

— *Gandalf el gris*

El propio Cristo era pobre… y como Él era pobre le informó a sus discípulos, todos somos pobres.

— *Robert Burton*

Amigos de posición humilde

Hermanos míos, que vuestra fe en nuestro glorioso Señor Jesucristo sea sin acepción de personas. Porque si en vuestra congregación entra un hombre con anillo de oro y con ropa espléndida, y también entra un pobre con vestido andrajoso, y miráis con agrado al que trae la ropa espléndida y le decís: Siéntate tú aquí en buen lugar; y decís al pobre: Estate tú allí en pie, o siéntate aquí bajo mi estrado; ¿no hacéis distinciones entre vosotros mismos, y venís a ser jueces con malos pensamientos? Hermanos míos amados, oíd: ¿No ha elegido Dios a los pobres de este mundo, para que sean ricos en fe y herederos del reino que ha prometido a los que le aman? Pero vosotros habéis afrentado al pobre. ¿No os oprimen los ricos, y no son ellos los mismos que os arrastran a los tribunales? ¿No blasfeman ellos el buen nombre que fue invocado sobre vosotros?

Si en verdad cumplís la ley real, conforme a la Escritura: Amarás a tu prójimo como a ti mismo, bien hacéis; pero si hacéis acepción de personas, cometéis pecado, y quedáis convictos por la ley como transgresores. Porque cualquiera que guardare toda la ley, pero ofendiere en un punto, se hace culpable de todos. Porque el que dijo: No cometerás adulterio,

también ha dicho: No matarás. Ahora bien, si no
cometes adulterio, pero matas, ya te has hecho
transgresor de la ley. Así hablad, y así haced, como los
que habéis de ser juzgados por la ley de la libertad.
Porque juicio sin misericordia se hará con aquel que
no hiciere misericordia; y la misericordia triunfa sobre
el juicio.

— Santiago 2:1–13

Dos hombres entran a un culto: Uno lleva puesto una
costosa chaqueta azul bien confeccionada, con una
corbata marca Ermenegildo Zegna y mocasines adornados
con borlas marca Gucci, pulidos como espejos. El otro vestido
con un traje deportivo de poliéster color amarillo mostaza
muy usado. Al primero, nos corremos a un lado para que
quepa; al otro lo dejamos parado en la puerta. "Usted no
puede tener fe en nuestro glorioso Señor Jesucristo y mostrar
ese tipo de parcialidad, ¿O sí?" Pregunta Santiago. O, dicho
de otra forma, usted no puede decir que es realmente cristiano
y ser esnobista.

La palabra que Santiago usa, traducida aquí como "favoritismo", quiere decir "levantar el rostro". Tiene que ver con
un semblante altanero y una tendencia a menospreciar a otras
personas, como las señoras adineradas de otra época mira-
ban con desprecio a simples mortales a través de imperti-
nentes: par de lentes manejados con una mano que mi mamá
solía llamar "el desdén en un palo".

Favorecer o desfavorecer a cualquiera sobre la base de na-
cimiento, crianza, riquezas, posición o estilo es como venir
a "ser jueces con malos *pensamientos*", dice Santiago. Es un
pensamiento equívoco, creer que los ricos son más dignos
de honor solamente porque son ricos o pensar que los pobres son menos dignos solamente porque son pobres.

El aforismo antiguo: "Porque cual es su pensamiento en

su corazón, tal es él" (Pr. 23:7), entra a desempeñar su papel aquí. Como retoña un árbol de una semilla enterrada, igualmente retoña cada acción de un pensamiento oculto. Somos aquello en lo que pensamos; nuestro carácter se forma por nuestros pensamientos.

> *Si la mente de un hombre…*
> *Alberga malos pensamientos, el dolor viene sobre él como*
>   *viene*
> *La rueda tras el buey… Si uno resiste*
> *En pureza de pensamiento, el gozo lo sigue*
> *Como su propia sombra.*
>
> — *James Allen*

Santiago estaría de acuerdo: Cuando tenemos buenos pensamientos, la justicia y el gozo predominan; cuando tenemos malos pensamientos, el prejuicio y el dolor son fuertes. "Esforcémonos en pensar bien", dijo Pascal. "Ese es el principio básico de la moralidad".

Aquí tenemos el primer pensamiento de Santiago: "¿No ha elegido Dios a los pobres de este mundo, para que sean ricos en fe y herederos del reino que ha prometido a los que le aman?"

No es que Dios se tuvo que conformar con los pobres, Él los eligió, los eligió *Él mismo* como implica el verbo, los eligió para que heredaran el reino, para enriquecerlos de modo inconmensurable. Él los hace "santos, dioses, parecidos a Él", dijo C. S. Lewis. Si pudiéramos ver ahora cómo serán un día (cuando Dios termine con ellos), como continúa diciendo Lewis, nos arrodillaríamos en adoración.

Un antiguo padre de la Iglesia escribió: "Cuando nuestro pequeño Padre vino a la tierra, Él no despreció a nadie, pero buscó a las personas sencillas por encima del resto. Él siempre estuvo entre los pobres. Sus discípulos también, Él eligió a la mayoría de ellos de entre nuestros hermanos obreros, personas sencillas para hacerlas grandes".

¿Cómo puedo rehusarme a aceptar y asociarme con alguien a quien Dios ha recibido? ¿Cómo puedo yo excluir de mi hogar y mi mesa, mi amistad y mi amor a alguien a quien Dios ha llamado a tener fraternidad con Él? ¿Cómo puedo despreciar a alguien a quien Dios está convirtiendo en un ser glorioso y similar a Él? Hacer algo así es ser muy diferente de nuestro Señor, quien nunca mostró parcialidad.

Aquí tenemos otro pensamiento: "¿No os oprimen los ricos?", pregunta Santiago. Los ricos de la época de Santiago oprimían a los pobres. Estos fueron los mismos que ridiculizaron y desdeñaron el "justo nombre", el nombre de Jesús por el que se hacían llamar los primeros cristianos. Por lo tanto, preferir a los ricos y discriminar a los pobres es alinearse con el mundo y volverse mundano de la peor manera.

El Antiguo Testamento sugiere que en una comunidad ideal no habría pobreza, porque las personas piadosas cuidarían de los pobres. "Para que así no haya en medio de ti mendigo", le aseguró Moisés a Israel; "si escuchares fielmente la voz de Jehová tu Dios, para guardar y cumplir todos estos mandamientos que yo te ordeno hoy" (Dt. 15:4–5).

El lamento de Jesús: "A los pobres siempre tendrán con ustedes", eso sirve como un comentario en nuestro mundo frío y calculador. La pobreza continúa porque a nuestra cultura no le preocupa. Cuando consentimos a los ricos y a los prósperos y menospreciamos a los pobres y los necesitados nos hemos sumado a ese mundo indiferente y sin amor que nos rodea. Una vez más, la mundanería no es necesariamente las "cinco inmundicias" de mi juventud (fumar, beber, ir al cine, bailar, jugar a los naipes). Es la indiferencia, la preferencia, la discriminación, el esnobismo, el prejuicio y el orgullo.

Aquí tenemos el pensamiento final de Santiago: "Si en verdad cumplís la ley real, conforme a la Escritura: Amarás a tu prójimo como a ti mismo, bien hacéis; pero si hacéis acepción de personas, cometéis pecado, y quedáis convictos por la ley como transgresores".

El argumento de Santiago no es fácil de seguir, pero al parecer dice que si yo amo a un rico como un acto puro de amor (sin tener en cuenta su riqueza), estoy "haciendo bien". Sin embargo, si amo a un rico porque es rico "quedo convicto por la ley como transgresor", y no soy mejor que un adúltero o un asesino (v. 11).

Para decirlo de un modo más sencillo, puede que me crea un ciudadano que respeta la ley porque nunca le quitaría la vida a nadie ni engañaría a mi esposa, pero, para explicar bien el principio, si estoy prejuiciado por la edad, sexo, posición, condición social, etnia o formación escolar mi profesión de fe, no importa cuán ortodoxa, es igualmente una falsedad. Soy un fraude.

El prejuicio, ya sea elitismo, sexismo, discriminación por edad, racismo, no es una falta menor o un simple desliz; es un pecado grave (v. 9). Justificarlo y defenderlo, más que arrepentirse de él, sugiere que puede que no sea cristiano en lo absoluto. Santiago no se anda con rodeos: "El prejuicio es desmedido con la fe verdadera". Puedo ser un fanático y hacerme llamar cristiano.

"Así", nos exhorta Santiago, "hablad [habitualmente], y así haced [habitualmente], como los que habéis de ser juzgados por la ley de la libertad. Porque juicio sin misericordia se hará con aquel que no hiciere misericordia; y la misericordia triunfa sobre el juicio".

Santiago nos llama a hablar y hacer en misericordia porque seremos juzgados por esa norma. Si mostramos misericordia la recibiremos; si no mostramos misericordia no resplandecerá ninguna. Jesús dijo lo mismo: "Bienaventurados los misericordiosos, porque ellos alcanzarán misericordia" (Mt. 5:7).

Estas son palabras severas, pero el amor debe ser severo en ocasiones para ser amable. El Padre Zossima, un personaje de *Los hermanos Karamazov* de Dostoevsky, comenta: "El amor en la realidad es algo cruel y terrible, comparado con el amor en sueños". El amor real quiere lo mejor para el ser amado aunque implique mandar al infierno el pecado que lo destruye. Este es el amor de Santiago.

Dejemos claro algo: Santiago no sugiere que la misericordia tenga poder adquisitivo. Mostrar misericordia para con otros no obliga a Dios a mostrar misericordia para con nosotros. Nuestra misericordia solo se basa en la *evidencia* ya que demuestra que comprendemos la profundidad de nuestro sufrimiento y la increíble misericordia de Dios que nos acepta en ese estado.

Jesús explicó lo mismo en su parábola sobre el mayordomo al que le fue perdonada una deuda que no podía pagar nunca ($10 000 000 en los dólares de hoy día), y quien por lo tanto, debía mostrar misericordia, según esperaba su amo, para con un deudor que le debía una pequeña suma de dinero ($1.80). Que no lo haya hecho demostraba que no entendía la enormidad de su propia deuda y la inimaginable misericordia que había mostrado su amo al perdonarlo (cp. Mt. 18:21–35). Por lo tanto, él, de hecho, era un hombre no perdonado.

Dios ha dado misericordia y su inmensa generosidad nos enseña a mostrar misericordia para con otros. La prueba y evidencia segura de que hemos recibido la misericordia de Dios y el don de la vida eterna es todo el bien que hemos recibido. La misericordia no es el medio por el que recibimos misericordia, sino la marca de alguien que ya la ha recibido y cuyo corazón se ha engrandecido con el amor de Dios. No hay prejuicio en esa persona; por eso, no hay condenación.

¿Cómo sé que he recibido gracia? Porque muestro gracia. ¿Cómo sé que he recibido misericordia? Porque muestro misericordia. Por eso, "la misericordia triunfa sobre el juicio", o, para preservar el significado del verbo de Santiago: "¡La misericordia grita alto!" Mi salvación se oye alto y claro.

Por eso Santiago completa el ciclo y nos devuelve a su premisa: No puede hacerse llamar cristiano y ser esnobista. Los cristianos verdaderos se conocen por su amor.

Quien aprenda con el fin de enseñar podrá aprender y enseñar; pero quien aprenda con el fin de practicar podrá aprender y enseñar, preservar y practicar.

— *Yishma'el, hijo de Rabbi Yochanan ben Beroka,*
Mishnah de Pirkei Avot

La fe que obra

Hermanos míos, ¿de qué aprovechará si alguno dice
que tiene fe, y no tiene obras? ¿Podrá la fe salvarle? Y
si un hermano o una hermana están desnudos, y tienen
necesidad del mantenimiento de cada día, y alguno
de vosotros les dice: Id en paz, calentaos y saciaos, pero
no les dais las cosas que son necesarias para el cuerpo,
¿de qué aprovecha? Así también la fe, si no tiene obras,
es muerta en sí misma.
Pero alguno dirá: Tú tienes fe, y yo tengo obras.
Muéstrame tu fe sin tus obras, y yo te mostraré mi fe
por mis obras. Tú crees que Dios es uno; bien haces.
También los demonios creen, y tiemblan. ¿Mas quieres
saber, hombre vano, que la fe sin obras es muerta? ¿No
fue justificado por las obras Abraham nuestro padre,
cuando ofreció a su hijo Isaac sobre el altar? ¿No ves
que la fe actuó juntamente con sus obras, y que la fe
se perfeccionó por las obras? Y se cumplió la Escritura
que dice: Abraham creyó a Dios, y le fue contado por
justicia, y fue llamado amigo de Dios. Vosotros veis,
pues, que el hombre es justificado por las obras, y no
solamente por la fe. Asimismo también Rahab la
ramera, ¿no fue justificada por obras, cuando recibió
a los mensajeros y los envió por otro camino? Porque
como el cuerpo sin espíritu está muerto, así también
la fe sin obras está muerta.

— Santiago 2:14–26

Snoopy se agazapa lanzándole nieve a la puerta de la casa de Charlie Brown con su platico de la comida sostenido con sus dientes. "¡Vete! ¡Vete a tu casa a calentarte y saciarte!", le responde Charlie Brown, y cierra la puerta. "¿De qué aprovecha?", masculla Snoopy mientras regresa a su casita. Exactamente lo que quiere decir Santiago.

"¿De qué aprovechará si alguno dice que tiene fe, y no tiene obras? ¿Podrá la fe salvarlo?" En verdad, no. La fe no puede existir sin la santidad.

La fe real regenera. Si no me cambia en otra versión mejor de mí mismo mi fe a lo sumo es defectuosa, o peor, puede que esté bien muerta. Esta es la conclusión ineludible a la que Santiago se mantiene atrayéndonos en su epístola.

Martín Lutero, como señalé en la introducción, al principio se veía confrontado por el énfasis de Santiago en las obras, que es la razón por la que él calificó la obra con ese epíteto dudoso: "una epístola de paja". Su antipatía inicial estaba basada en su percepción de que Santiago y Pablo estaban en desacuerdo. Santiago, creía él, contradecía rotundamente el énfasis de Pablo en que éramos salvos no por obras, sino por fe y *solo* por fe (Ro. 3:28). Por esa razón, Lutero creyó que Santiago era una epístola gravemente peligrosa y defectuosa, pero se equivocó, como admitió después.

Mientras Pablo afirma claramente que solamente la fe nos salva, él está de acuerdo con Santiago en que la fe *salvadora* siempre se manifestará en las obras de amor. Las dos están vinculadas intrínsecamente. "Lo único de valor real", escribió él en una ocasión, "es la fe que obra por el amor" (Gá. 5:6).

De lo que Santiago se queja no es de la teología paulina, sino de una perversión de la misma: actuar como si la Palabra de Dios fuera un simple consejo y dirigiera nuestro propio camino. Pocos cristianos lo expresarían sin tantos rodeos, pero en efecto así es como viven muchos que se hacen llamar creyentes. Dicen: "Nosotros creemos", pero nada hay que los distinga de los incrédulos. Viven según sus propios deseos y no según la voluntad de Dios.

Qué tristeza asegurar ser un seguidor de Jesús y hacer nuestra voluntad. (Recuerdo la amarga definición de Ambrose Bierce de los cristianos como aquellos "que creen en las enseñanzas de Jesucristo en la medida en la que no sean inconsecuentes con una vida de pecado".) Solo le confirma al mundo su opinión de que los cristianos no pretenden ningún bien y produce incrédulos por veintenas. Qué triste, de hecho, qué trágico. ¿Puede esa "fe" salvarnos? ¿Puede atraer a otros a la salvación? "¡De veras que no!" dice Santiago.

Luego Santiago introduce un personaje imaginario que argumenta su caso (un recurso retórico común en aquella época): "Tú tienes fe, y yo tengo obras. Muéstrame tu fe sin tus obras, y yo te mostraré mi fe por mis obras".

No somos salvos por las obras, ni tampoco podremos serlo, pero nuestras obras *muestran* que somos completamente salvos. Si otros no pueden ver el amor de Dios en nosotros no tenemos fe *salvadora* y por lo tanto, no somos cristianos en lo absoluto, no importa lo que digamos. "La fe sin obras es *muerta*".

Además, la fe sin obras es *demoníaca*: "¿Creen que hay un Dios?", pregunta él. "¡Qué bueno! ¡Hasta los demonios creen en esa verdad, y se les ponen los pelos de punta!"[3]

Los demonios son creyentes informados plenamente, mejor informados que nosotros porque se encuentran más cerca de la fuente. No hay herejes entre los demonios en el infierno; ellos "saben muy buena teología" allí. Pero no aman a Dios, ni se aman unos a otros. Ellos *creen*, pero sus creencias no tocan su corazón ni transforman su carácter. Los demonios son diabólicos hasta el final.

La fe, verán, es más que una creencia informada, más que saber *qué* hacer. Es una relación profundamente íntima con Dios que implica acuerdo de mente, cuerpo y alma con todo lo que Dios quiere para nosotros e implica *hacerlo* no importa cuáles sean nuestras circunstancias, ni cómo nos sintamos al respecto. Cualquier otra cosa es palabrería.

Como ejemplos de fe auténtica Santiago aduce dos creyentes verdaderos: Abraham y Rahab.

Abraham, nos cuenta Santiago, se le "consideró justo por lo que *hizo*". Se le pidió matar a su único hijo, el hijo a través del cual Dios había prometido salvar al mundo. No tenía sentido obedecer, aún así él obedeció, confiando en que Dios podía resucitar a Isaac de los muertos si fuese necesario (He. 11:19). La fe y las acciones de Abraham "obraron juntas" como dice Santiago, y demostraron la integridad de su fe. Él *hizo* lo que Dios le pidió y así nos demostró una fe real.

Y después el caso de Rahab, la prostituta del templo cananeo (citado aquí, quizá, como un recordatorio de la antigua idea de que los pecados de pasión pueden conducirnos a Dios mientras que los pecados de orgullo no). Rahab oyó del Dios de Israel y lo anheló hasta que sus mensajeros vinieron a traerle a ella salvación. Luego ella arriesgó su fe, confiando en Dios en ese momento peligroso cuando dio abrigo a los espías y se ocupó de que partieran sanos y salvos. La fe de Rahab, aunque primitiva, era pura y le nació con esfuerzos inmediatos para promover los propósitos del Dios de Israel. "¿No fue Rahab la ramera justificada por *obras*, cuando recibió a los mensajeros y los envió por otro camino?", pregunta Santiago. Rahab tenía la única fe digna de tener.

Por lo tanto, Santiago concluye, la fe es más que el acuerdo con un credo histórico y las buenas intenciones que supone ese credo. Las *obras*, son la fe expresándose por sí sola con amor.

Pocas cosas son más peligrosas que el consentimiento intelectual que no toca el corazón, o las buenas intenciones que mueren desfasadas. Cada vez que no obedezcamos o queramos obedecer y no lo hagamos, endureceremos nuestro corazón un poco y se volverá menos probable que obedezcamos *jamás*. "Los buenos conceptos deben aprovechar su primicia", dijo George MacDonald. "No debemos juzgar al Espíritu por nuestras tardanzas".

La fe auténtica no es estar de acuerdo con la verdad y pensar que un día lo haremos. Es tomarle la Palabra a Dios y hacer lo que dice tan pronto como sea posible. Él no nos pide que hagamos las cosas de una vez, tampoco nos pide que hagamos cosas que son imposibles, pero Él sí pide (y en ocasiones Él pide cosas difíciles), y cuando las pide debemos estar dispuestos a obedecer. Esta es una fe salvadora.

"Pero", dicen ustedes, "no puedo mantener la fe". No se preocupen. Dios los conoce mejor de lo que se conocen ustedes mismos, y Él sabe cómo lograrlo. "La fe es por el oír... y [el oír] por la Palabra de Dios" (Ro. 10:17). La fe auténtica, la fe que produce fruto, es el producto de la Palabra.

Una generación mayor de mentores espirituales se refirió a la práctica de la "lectura espiritual", que es más que el simple estudio bíblico. Es la lectura con un deseo de ser transformado completamente por la Palabra de Dios. Es "leer con un corazón dispuesto a arrepentirse" (Hermana Macrina Wiederkehr).

Resulta fácil quedar atrapado en la curiosidad, la especulación y el orgullo que provienen de la adquisición de información sobre Dios, pero acercarse a la Palabra de esa manera solo nos aleja mucho más de nuestro Señor. La verdad nunca sale de nuestra mente para entrar en nuestro corazón. "Nos convertimos en bustos parlantes", dice Carolyn, "expertos bíblicos que constituyen fuentes, eruditos y críticos, pero que no tienen corazón para Dios". El estudio bíblico que se detiene con insuficiencia de respuestas se convierte en una herramienta de Satanás para hacernos similares a los otros habitantes del infierno, llenos de verdad e impiedad.

No, la lectura espiritual es algo más. Es leer la Palabra de Dios hasta que nuestro corazón se conmueva. No hay necesidad de leer un número específico de versículos, ni tampoco apuro alguno de terminar la lectura. Cuando nuestro corazón se conmueva, podemos detener la lectura.

Un corazón conmovido significa que ha llegado la Palabra de Dios. Él ha entrado y nos está hablando. Después podemos comenzar a pensar en lo que Él nos está diciendo.

Jeremías dijo: "Fueron *halladas* tus palabras, y yo las comí..." (Jer. 15:16, cursivas añadidas). Debemos clavar nuestros dientes en la Palabra y mascarla con nuestra mente y corazón. Debemos asumirla, luchar con ella, pelear con ella, hacer preguntas sobre ella, permitir que se afiance en nosotros.

Debemos preguntarnos lo que esta Palabra significa para nosotros, cuáles son sus implicaciones, qué debemos hacer o no hacer. Después debemos orar para que Dios nos haga fieles a la verdad, por que sin Él no podemos hacer nada. Hay una oración antigua que resume bien esa intención:

> *¿Por qué se ha tocado mi corazón?*
> *¿Cómo debo cambiar mediante este toque?*
> *Necesito cambiar; necesito parecerme un poquito más a ti*
> *Que estas palabras santas me cambien y transformen.*

Otro cristiano antiguo plantea el mismo pensamiento de esta manera: "Lea siendo observado por Dios hasta que su corazón sea tocado, luego entréguese al amor" (Dom Guigo).

Es cosa segura entregarnos al amor de Dios. Nos creó por amor y su amor no se harta ni se desgasta por nuestros pecados. Él es implacable en perseguirnos y en su determinación de que un día seremos amor puro, a cualquier costo para nosotros o para Él mismo.

"Bueno y recto es Jehová", nos recuerda el salmista, "*por tanto*, Él enseñará a los pecadores el camino. Encaminará a los humildes por el juicio, y enseñará a los mansos su carrera" (Sal. 25:8–9, cursivas añadidas). El único requisito es humildad y la paciencia para esperar por su obra. A Dios no se le conoce por premura, pero Él sí significa empresa.

> *Vuestras puertas son obras; sus picaportes su obrar.*
> *Aquel cuya vida es obediente justicia,*
> *Quien, luego del fracaso, o el pobre éxito,*
> *Se levanta, con esfuerzos más fuertes y aún renovadores*

Él te encuentra, Señor, finalmente, en su propio aposento común.

— El diario de una vieja alma

"Pero yo no sé como levantarme", dice usted. He aquí lo que debe hacer:

Prepárese para hacer algo que el Señor le haya pedido. En vez de preguntarse si lo cree o no, pregúntese si ha hecho algo hoy sencillamente porque lo dijo Jesús, "Hazlo", o se ha abstenido porque Él dijo: "No lo hagas". No podemos decir que creemos o tan siquiera que queremos creer si no estamos dispuestos a hacer cualquier cosa que Él nos diga.

"De una vez puede iniciarse como discípulo del viviente", dijo George MacDonald, "obedeciéndolo en la primera cosa que se le ocurra y en la que usted no lo obedece. Debemos aprender a obedecerlo en todo, y así debemos comenzar en cualquier momento. Que sea de una vez, y en la próxima cosa que yazca a la puerta de nuestra conciencia".

Escudriño mi corazón, lo escudriño, y no encuentro fe alguna...
No hay bien que parezca probable. De un lado al otro me siento tirado.
Me tengo que quedar. Solo la obediencia me sostiene,
Me apresuro, me levanto, hago lo que Él me dice por fortuna.

Los sabios más sabios de la Tierra esto enseñan: Las cosas que nutren la lengua en el corazón se almacenan.

—Proverbio popular

LA LENGUA REVELADORA

Hermanos míos, no os hagáis maestros muchos de vosotros, sabiendo que recibiremos mayor condenación. Porque todos ofendemos muchas veces. Si alguno no ofende en palabra, éste es varón perfecto, capaz también de refrenar todo el cuerpo. He aquí nosotros ponemos freno en la boca de los caballos para que nos obedezcan, y dirigimos así todo su cuerpo. Mirad también las naves; aunque tan grandes, y llevadas de impetuosos vientos, son gobernadas con un muy pequeño timón por donde el que las gobierna quiere. Así también la lengua es un miembro pequeño, pero se jacta de grandes cosas. He aquí, ¡cuán grande bosque enciende un pequeño fuego!

Y la lengua es un fuego, un mundo de maldad. La lengua está puesta entre nuestros miembros, y contamina todo el cuerpo, e inflama la rueda de la creación, y ella misma es inflamada por el infierno. Porque toda naturaleza de bestias, y de aves, y de serpientes, y de seres del mar, se doma y ha sido domada por la naturaleza humana; pero ningún hombre puede domar la lengua, que es un mal que no puede ser refrenado, llena de veneno mortal. Con ella bendecimos al Dios y Padre, y con ella maldecimos a los hombres, que están hechos a la semejanza de Dios. De una misma boca proceden bendición y maldición.

> Hermanos míos, esto no debe ser así. ¿Acaso alguna
> fuente echa por una misma abertura agua dulce y
> amarga? Hermanos míos, ¿puede acaso la higuera
> producir aceitunas, o la vid higos? Así también
> ninguna fuente puede dar agua salada y dulce.
>
> — Santiago 3:1–12

Nada es más fácil que pecar y hay muchas formas de pecar, pero mayormente pecamos por lo que decimos. "¿Cuánto debo ser cambiado para estar cambiado?", como dijera el viejo John Donne.

En realidad, Santiago sobrepasa nuestras palabras y examina profundamente el corazón de cada uno de nosotros. No solo pecamos por lo que decimos, insiste él, sino que lo que decimos es la medida de nuestro pecado: "Si alguno no ofende en palabra, éste es varón perfecto, capaz también de refrenar todo el cuerpo". "Saque su lengua", dice el Dr. Santiago. "Quiero ver cómo está su alma". Y así Santiago comienza su tratado acerca de la lengua.

La lengua es un miembro pequeño, señala él, pero se jacta de grandes cosas. Esto lo explica con tres metáforas: un pequeño freno controla a los caballos fuertes. Timones pequeños gobiernan a los grandes navíos. Las pequeñas chispas inflaman grandes conflagraciones. Las cosas pequeñas significan mucho.

La lengua, aunque es muy pequeña, "hace grandes alardes". "Miren lo que puedo hacer", presume y se da aires. "Puedo arruinar una reputación. Puedo destruir la obra de toda una vida. Puedo destrozar una relación duradera. Puedo aplastar el espíritu más fuerte. Puedo arruinar el momento más tierno. Puedo humillar, avergonzar e incomodar. ¡Puedo maldecir, cortar y matar!"

"[La lengua] es el mundo del mal entre las partes del cuerpo", añade Santiago, no *un* mundo, sino *el* mundo, un microcosmo, un pequeño mundo dentro de nosotros. Todo lo que hay en el mundo, el deseo de la carne, el deseo de los ojos, el orgullo de la vida, la lengua lo sugiere, lo comete y lo aprueba. Cualquier cosa que pueda hacer el mundo, la lengua lo puede hacer y lo puede hacer mejor.

He aquí de nuevo está el mundo, el mundo de actitudes, murmuración, engaño, exageración, descortesía, impureza, crueldad, impaciencia, y toda otra transgresión.

"[La lengua]", dice Santiago, "contamina todo el cuerpo e inflama la rueda de la creación y ella misma es inflamada por el infierno". La lengua corrompe toda parte de nuestro ser y en todo momento de nuestra vida desde la cuna hasta la tumba. Lo quema todo en nuestra "rueda de la vida" para usar la expresión exacta de Santiago, como un incendio forestal fuera de control, dejando devastación y ruina. Solo con nuestra muerte morirá. En las palabras de un epitafio antiguo:

Bajo esta piedra, de arcilla un terrón,
yace Robert Andrew Young,
Quien, el veinticuatro de mayo,
a refrenar su lengua ha comenzado.

Ese también podría ser mi epitafio.

La frase de Santiago, "[la lengua] es inflamada por el infierno", es evocadora. El equivalente que él usa de infierno es *gehenna*, el basurero de Jerusalén, una metáfora adecuada para el infierno en aquellos días, asociada como estaba con la impureza, la corrupción, los gases y el hedor. Un lugar gobernado por Baal-zebub, el Señor de las moscas (2 R. 1:2–3, 16), la fuente de la inmundicia que tan rápidamente sale de nuestra lengua.

Y he aquí lo peor: "Ningún hombre puede domar la lengua". Toda cosa viviente ha sido domesticada o dominada por la raza humana, pero la lengua humana no puede ser capturada, enjaulada, ni muerta. "Usted puede domar un tigre", dice *El mensaje*, "pero no puede domar una lengua, nunca se ha logrado". Es algo inquieto, malo, venenoso, salvaje que no se puede controlar, al menos no puede ser controlada por el hombre.

Finalmente, Santiago señala una incongruencia rara: "Con nuestra lengua bendecimos a Dios y maldecimos a los hombres, a los seres más similares a Dios en la tierra. Bendiciones y maldiciones del mismo orificio. "Hermanos míos", dice Santiago en una obra maestra de descripción conmensurada, "esto no debe ser así".

¿Quién puede explicar esta extraña ambivalencia? La respuesta según Santiago estriba en considerar la fuente:

> **De una misma boca proceden bendición y maldición.**
> **Hermanos míos, esto no debe ser así. ¿Acaso alguna**
> **fuente echa por una misma abertura agua dulce y**
> **amarga?**
>
> **—Santiago 3:10–11**

Las corrientes de agua dulce fluyen de fuentes subterráneas dulces. Las aguas amargas de profundos manantiales de amargura. Santiago no explica su metáfora. La deja colgada y nos la deja para que la analicemos. Eso es lo mejor que se puede hacer por otra persona, George MacDonald dijo: "Despierta las cosas que hay en él; o haz que analice las cosas por sí solo".

Después de haber pensado un poco al respecto, he aquí lo que creo que Santiago tenía en mente. Nuestras palabras se forman en lo profundo de nuestro corazón. Las palabras buenas provienen del bien que hay dentro de nosotros; las palabras malas fluyen del mal que hemos acumulado dentro. Si queremos lidiar con nuestra lengua tenemos que enderezar nuestra mente.

Jesús lo dice de manera clara y concisa: "No es buen árbol el que da malos frutos, ni árbol malo el que da buen fruto. Porque cada árbol se conoce por su fruto; pues no se cosechan higos de los espinos, ni de las zarzas se vendimian uvas.

El hombre bueno, del buen tesoro de su corazón saca lo bueno; y el hombre malo, del mal tesoro de su corazón saca lo malo; porque de la abundancia del corazón habla la boca" (Lc. 6:43–45).

El corazón es el almacén del cuerpo. Debemos tener cuidado, entonces, con las cosas que guardamos dentro de él. En cualquier momento se pueden convertir en palabras.

¿Cómo podemos enderezar nuestras palabras? Debemos llenar nuestros pensamientos con las palabras de Dios, *meditar* en ellas de día y de noche. El secreto de las buenas palabras es la Palabra de Dios, deleitarse en ella y meditarla, porque ¿qué es la Palabra de Dios sino la vida de Dios que siempre se traduce por sí sola en discurso humano?

Permítanme ilustrarles cómo funciona esto para mí, al menos en una situación (aunque debo admitir que no siempre me funciona). Ciertas personas "me hacen sacar lo peor de mí" (frase interesante). Se me hace poco natural y, en algunos casos, imposible contener la lengua cuando estoy junto a ellas. Como David, se enardece mi corazón dentro de mí; en mi meditación se enciende fuego (acá está esa palabra de nuevo), y así profiero con mi lengua (Sal. 39:3). En mis mejores momentos soy cortante y descortés; en mis peores momentos les doy "una parte de mi mente".

"¡Ajá!" Digo yo. El problema no son mis palabras, verán, sino mi mente. Mucho antes de abrir mi boca ya le he abierto mi mente a los malos pensamientos. He ensayado el mal que me ha hecho mi hermano. He cuidado de mis sentimientos heridos. He imputado los malos motivos. He consentido a la autocompasión y el orgullo. He abrigado resentimientos y cólera. "Se enciende fuego, y así profiero con mi lengua". Mis palabras acaloradas han sido creadas y formadas por mis sentimientos mucho antes de que salgan de mi boca. ¿Cómo puede algo limpio salir de algo inmundo?

Pablo dice: "Todo lo que es verdadero, todo lo honesto, todo lo justo, todo lo puro, todo lo amable, todo lo que es de buen nombre; si hay virtud alguna, si algo digno de alabanza, *en esto pensad"*. (Fil. 4:8, cursivas añadidas). Él no sugiere que me entregue a las abstracciones honestas, tan buena como puedan ser, sino que más bien me centre en aquellos atributos en otros que son verdaderos, honestos, justos, puros, amables y de buen nombre.

En otras palabras, en lugar de obsesionarme por el mal que veo en otros, debo centrarme en el bien que Dios hace en ellos. (Recuerden, no solo a los cristianos les aguardan buenas cosas. Todo ser humano recibe la gracia común de Dios.) Cuando hago eso, sus "pequeñas asperezas de espíritu desaparecen, perdidas en las magníficas curvas del carácter" (Ambrose Bierce). Veo bendición donde antes solo veía pecado. Veo encanto y belleza que me eluden hasta que las miro a la luz del amor de Jesús. Mi corazón comienza a ablandarse y mis palabras se inclinan más a corresponder de la misma manera.

Sin embargo, sucede lo siguiente: Nunca me resulta fácil pensar los pensamientos de Dios como lo haría Él, fundamentalmente bajo coacción. Todo el infierno conspira para hacerme olvidar lo que sé. "Resulta gracioso cómo los mortales nos imaginan siempre poniéndoles cosas en sus mentes", Screwtape le escribió a su sobrino demoníaco. "En realidad nuestra mejor obra la llevamos a cabo manteniendo las cosas fuera de sus mentes".

Por lo tanto, debemos meditar sobre los pensamientos de Dios de día y de noche para mantenerlos en nuestra mente. Y debemos orar como oró David Elginbrod: "Concédenos la oportunidad de que cada vez más pensamientos de vuestros propios pensamientos vengan a nuestros corazones día tras día".

Donde esté la sabiduría, allí la felicidad coronará
Una piedad que nada corroerá.
Pero altas y poderosas maneras y palabras
Se repiten hasta la humildad, hasta que la vejez,
Derribada sobre sus rodillas, al fin se vuelve sabia.

— Sófocles

LA SABIDURÍA

¿Quién es sabio y entendido entre vosotros? Muestre por la buena conducta sus obras en sabia mansedumbre. Pero si tenéis celos amargos y contención en vuestro corazón, no os jactéis, ni mintáis contra la verdad; porque esta sabiduría no es la que desciende de lo alto, sino terrenal, animal, diabólica. Porque donde hay celos y contención, allí hay perturbación y toda obra perversa. Pero la sabiduría que es de lo alto es primeramente pura, después pacífica, amable, benigna, llena de misericordia y de buenos frutos, sin incertidumbre ni hipocresía. Y el fruto de justicia se siembra en paz para aquellos que hacen la paz.

— Santiago 3:13–18

La sabiduría en la Biblia originalmente significaba experiencia técnica o la habilidad de hacer un trabajo bien hecho. Era la habilidad para lidiar con cualquier cosa que apareciera. Y, como los asuntos que aparecían eran siempre la propia vida, sabiduría llegó a significar "habilidad para la vida" o "la capacidad de vivir la vida como *se debía vivir*". Los sabios son aquellos que viven bien, y los que, al final, tienen algo que mostrar. Han logrado algo de valor eterno.

Sin embargo, (he aquí lo importante) no es lo que *sabemos* lo que nos hace sabios, sino lo que *somos*. Santiago lo esclarece muy bien: "Muestre por la *buena conducta* sus obras en sabia mansedumbre". La sabiduría es la "buena conducta", o, de un modo más preciso, la "vida bella", una presencia santa y genial que hace visible la vida de nuestro Señor invisible. La sabiduría es la esencia de la vida espiritual y el medio por el que todo se hace. Es la fuerza motriz que atrae a otros a Dios, si es que van a ser atraídos. Es la fuerza más poderosa de la tierra. Recuerden las palabras de Pedro: "manteniendo buena [bella] vuestra manera de vivir entre los gentiles; para que... glorifiquen a Dios en el día de la visitación, al considerar vuestras buenas obras" (1 P. 2:12). Esto es sabiduría.

Es mucho mejor ser sabio que bien informado porque, según nos advierte Santiago, el conocimiento solamente es contra productivo. Sobrepasa nuestro corazón y se nos va a la cabeza. Acribilla nuestros pensamientos con "celos amargos y contención" y donde existen estas motivaciones y asuntos, nos asegura Santiago, "allí hay perturbación y toda obra perversa". Sin sabiduría, no importa cuán bien informado y bien intencionado podamos ser, pronto nos veremos haciendo la obra de Satanás.

¿Qué entonces es esta "sabiduría de lo alto" de la que habla Santiago?

- Es *pura*. Moralmente pura, aún así no es puritana en el sentido peyorativo de la palabra. No es rectitud, severidad, y disgusto por el gozo y el placer, sino amor por todo lo que es bueno, verdadero y bello. Somos puros cuando nos gozamos en lo que es puro; impuros cuando nos gozamos de lo que es impuro. Las cosas que amamos y en las que nos deleitamos nos dicen lo que somos.

- Es *apacible*. Tranquila, relajante y compuesta. La paz es la acción de los que se encuentran alineados de corazón a corazón con Dios y quienes acallan y confían en su voluntad (Sal. 131:2). La sabiduría es calmada y relajada; raras veces está apurada. No es cautivada ni esclavizada por el apuro y frenesí de este mundo, sino que a su alrededor tiene la perspectiva pausada de la eternidad. Puede esperar mientras Dios hace sus diligencias y realiza las cosas en su tiempo y a su manera.

- Es *considerada*. Un equivalente en el mundo antiguo de un buen vino añejo. La sabiduría no es cruel ni acerba, sino fragante y agradable. Es sosegada, fácil de trabajar y de vivir con ella, es divertido estar con ella, delicada en la mente.

- Es *sumisa*. Según la versión revisada: "benigna". Se arrepiente, es corregible, no es testaruda ni intransigente. Se deja enseñar, es razonable, dispuesta a escuchar, dispuesta a ser persuadida, dispuesta a ceder cuando puede y debe.

- Es *llena de misericordia*. Se identifica con las limitaciones y fracasos de otros y maneja las cosas más frágiles e intensamente personales con sensibilidad y compasión. Comprende el pesar del solitario, de un matrimonio frío, un chico rebelde y llora por la dureza del mundo. Conoce el dolor de la enfermedad física y la duda inconsolable, las cicatrices del descuido y la humillación, los silencios de Dios. Asume las debilidades y fracasos de otros, incluso la irritabilidad y la ira y devuelve el amor y la paciencia como don.

- Es *imparcial*. No separa, discrimina, ni favorece. No juzga a nadie desde un punto de vista mundano pero ve lo más humilde de los seres humanos como podrían ser sí tan solo estuvieran en Cristo (2 Co. 5:16–17). Ve a todas las personas como prójimos y los ama con el amor

imparcial y desprejuiciado que llevó a Dios a entregar-
se a sí mismo completamente al mundo.

- Es *sincera*. No posa, desempeña papel, ni engaña deli-
beradamente. No trata con falsa humildad, falsa mansedumbre, y todas las otras hipocresías sutiles a las
que los cristianos son tan susceptibles. Es honesta,
sencilla, transparente. Pretende hacer lo que sabe hacer y admite lo aún no puede hacer.

Estas cualidades Santiago las describe como "sabiduría",
una idea que resulta difícil de traducir con precisión, pero
que sugiere una calidad de misericordia que sobrepasa las
exigencias de la justicia. Perdona cuando tiene todo derecho
a condenar. Considera la endebles de otros ante sus fracasos
y ofrece piedad en lugar de juicio. Tiene compasión incluso
de los que son responsables de los aprietos en los que se encuentran. No dice: "Tú te lo buscaste, ahora asúmelo", sino
que les extiende compasión y amor para ayudar al pecador
a salirse del aprieto. Es amable, delicada y perdonadora más
allá de la comprensión humana.

Jonathan Edwards escribió: "La delicadeza bien puede de-
nominarse el espíritu del cristiano. Es la disposición distinti-
va del corazón de cada uno de los cristianos para identificarse
como cristianos. Todos los que son verdaderamente piado-
sos tienen dentro de ellos un espíritu delicado".

Tal sabiduría no puede obtenerse de otros, ni tampoco podemos obtenerla por nosotros mismos. No es producto del
intelecto, la educación, la experiencia, ni el pensamiento lento, tardío o firme. "Viene de lo alto" como expresa Santiago.
No se logra por medio de esfuerzos, sino por sed, oración y
espera.

El tiempo es un elemento esencial del proceso. "Crecemos
en sabiduría", pero *podemos* crecer y *creceremos* a medida que
se nos dé la sabiduría de lo alto. Y a medida que practique-
mos lo que se nos ha dado, se despertará en nosotros una

profunda sed por más y más se nos dará. "Porque a cualquiera que tiene, se le dará, y tendrá más" (Mt. 13:12).
La mayoría de nosotros llevamos una vida bastante común. No somos obradores de milagros, ni se nos reconoce
por nada en particular. No somos importantes, tampoco somos esenciales; somos nada más personas sencillas, comunes y corrientes. Pero los que tienen la sabiduría de lo alto
no necesitarán nunca preocuparse por ser ignorados e irre-
levantes. Aunque a menudo son anónimos, nunca son inúti-
les. Siembran una cosecha paciente.

Pablo dice: "Porque para Dios somos grato olor de Cristo
en los que se salvan, y en los que se pierden" (2 Co. 2:15–16).
Esa es la cuestión acerca de la sabiduría. Los sabios no tienen que presionar a nadie. Ellos no tienen que endilgarle la
fe a nadie. Ellos dejan eso atrás. Dondequiera que van y en
cualquier cosa que hacen, siembran las semillas de la justicia
que retoñan en otros para vida eterna. Este es el legado perdurable del sabio. Es la manera en la que dejan su marca en
el mundo.

"La única manera de hacer buenas a las personas es *ser*
bueno", reflexionó George MacDonald. "Recuerden la viga
y la paja" (Mt. 7:3–5).

La única causa de las guerras, las revoluciones, y las batallas no es más que el deseo.

— Platón

GUERRA Y PAZ

¿De dónde vienen las guerras y los pleitos entre vosotros? ¿No es de vuestras pasiones, las cuales combaten en vuestros miembros? Codiciáis, y no tenéis; matáis y ardéis de envidia, y no podéis alcanzar; combatís y lucháis, pero no tenéis lo que deseáis, porque no pedís. Pedís, y no recibís, porque pedís mal, para gastar en vuestros deleites. ¡Oh almas adúlteras! ¿No sabéis que la amistad del mundo es enemistad contra Dios? Cualquiera, pues, que quiera ser amigo del mundo, se constituye enemigo de Dios. ¿O pensáis que la Escritura dice en vano: El Espíritu que él ha hecho morar en nosotros nos anhela celosamente? Pero él da mayor gracia. Por esto dice: Dios resiste a los soberbios, y da gracia a los humildes. Someteos, pues, a Dios; resistid al diablo, y huirá de vosotros. Acercaos a Dios, y él se acercará a vosotros. Pecadores, limpiad las manos; y vosotros los de doble ánimo, purificad vuestros corazones. Afligíos, y lamentad, y llorad. Vuestra risa se convierta en lloro, y vuestro gozo en tristeza. Humillaos delante del Señor, y él os exaltará.

— Santiago 4:1–10

De dónde vienen las guerras y los pleitos, conflictos territoriales, tensiones raciales, riñas familiares, discusiones matrimoniales, la rivalidad fraterna? ¿Por qué hay tanta discordia y disonancia en el mundo? ¿Por qué no podemos llevarnos bien? Santiago se responde su propia pregunta: Las controversias surgen porque "usted quiere algo pero no lo consigue".

Santiago clava su hacha en la raíz del problema, una concentración asfixiante en nosotros mismos, conseguir lo que queremos cuando queremos. Frustrados en la persecución de nuestro propio bienestar recurrimos a la ira y la fuerza cruel.

Los conflictos surgen de las "pasiones", dice Santiago, una palabra griega de la cual obtenemos nuestra palabra *hedonismo*. El hedonismo es el concepto de que solo lo que es agradable o tiene consecuencias agradables es intrínsecamente bueno. Llevado a extremo es la persecución implacable y cruel del placer personal sin tener en cuenta a otros.

No hay placeres malos ni ilícitos. *"Todo* lo que Dios creó es bueno, y nada es de desecharse, si se toma con acción de gracias; porque por la palabra de Dios y por la oración es santificado [puesto en su uso intencionado]" (1 Ti. 4:4–5, cursivas añadidas). "Los placeres son expresiones de gloria", plantea C. S. Lewis, indicios de la bondad y amor de Dios, ocasiones de su gracia.

Tampoco tiene nada de malo desear placeres ni buscarlos. Los placeres se vuelven ilícitos solo cuando se obtienen de la manera incorrecta o en el momento inadecuado. Es *robar* un melón lo que es incorrecto, no disfrutar comérselo.

El problema viene cuando la persecución del placer nos pone en conflicto con otro ser humano inclinado de la misma manera. Dos personas desean algo agradable, pero las dos no pueden tenerlo al mismo tiempo. (Viene a la mente la situación de dos conductores que convergen en el último espacio de aparcamiento en un centro comercial atestado.) Uno o el otro se frustra en su deseo, una frustración que pronto puede convertirse en ira, golpes y una furia letal. "Quiere algo pero no lo consigue, [por ende] usted *mata*". (Es una realidad que la mayoría de los homicidios no son actos premeditados, sino "crímenes pasionales", como decimos nosotros, provocados por la frustración y lamentados profundamente después del hecho.) La persecución descuidada del placer puede conducirnos a una violencia terrible. Santiago hace bien en advertirnos.

Todo mal en el mundo surge de pasiones desenfrenadas. "Son las pasiones insaciables las que destruyen no solo individuos, sino familias completas, y las que hasta derrocan el estado. De las pasiones surge el odio, las escisiones, las discordias, las sediciones y las guerras", escribió Cicerón, el estadista romano.

Filo, el judío casi contemporáneo de Cicerón, dijo casi lo mismo: "¿No es por causa de esta pasión que se rompen las relaciones, y esta buena voluntad natural cambia para convertirse en una enemistad desesperada, que los países grandes y populosos son desolados por disensiones familiares, y la tierra y el mar se llenan de nuevos desastres por batallas navales y campañas terrestres? Porque las guerras famosas por su tragedia… todas han tenido un mismo origen, deseo de dinero, gloria o placer. Por estas cosas enloquece la raza humana". La pasión indisciplinada, desenfrenada yace a la raíz de todo lo que es malo en nuestro mundo.

La solución de Santiago es sumamente sencilla: Cuando quiera algo y no pueda conseguirlo, pídaselo a Dios. Cuando su necesidad de aprobación y amor humano se frustre, pídale a Dios. Cuando su sed de aprecio y respeto no sea saciada, pídale a Dios. Cuando se vea obstaculizado su deseo de paz y tranquilidad, pídale a Dios. Cuando mientras persiga *algún* placer usted colisione con alguien que persiga su placer, en lugar de insistir en que se satisfagan *sus* necesidades, pídale a Dios. Él es el dador de toda buena dádiva y don perfecto y su corazón se deleita en darlas. Si no se suplen nuestras necesidades, dice Santiago, es sencillamente porque no hemos pedido.

Pero hay una condición: "Debemos pedir con una voluntad serena y sumisa". No podemos dictar el tiempo ni condiciones de nuestra satisfacción. Puede que Dios nos dé lo que queremos, pero nos lo dé más tarde de lo queríamos tenerlo. Puede que no nos dé absolutamente nada de lo que queremos. Puede que nos pida que renunciemos a lo que queremos, pero Él nos dará la satisfacción que buscamos. No es la cosa que buscamos lo que nos importa de todas maneras, se desvanece y se olvida. Es el gozo que lo acompaña. El gozo auténtico es un efecto muy aparte de cualquier causa natural.

Lo que esto quiere decir es que debemos entregar nuestra pasión más profunda a Dios y dejarlo que nos satisfaga a *su* manera. La alternativa, resolver los asuntos con nuestras propias manos, Santiago lo denomina *adulterio*. Es una metáfora adecuada. Cuando buscamos satisfacción por nuestra cuenta y aparte del amor de Dios, somos infieles al amante de nuestra alma que anhela satisfacer cada deseo de nuestro corazón.

Además, continúa Santiago, tal infidelidad es "amistad con el mundo". Nos une a la manera del mundo de hacer las cosas, sus motivaciones, métodos y ánimos. He aquí de nuevo la mundanería: La persecución intransigente del placer, convirtiendo *nuestro* bien en el mejor bien. No es más que egocentrismo y orgullo. De todas las cosas que interfieren, el orgullo es la peor, porque nos aleja de Dios y de todo lo que Él nos tiene preparado. Es por eso que debemos hacerle oposición y, de ser necesario, hincarnos de rodilla. Solo así puede Él hacer buenas cosas por nosotros.

Sin embargo, hay una alternativa para obtener la humildad de Dios: "Podemos humillarnos". Podemos someternos a su voluntad, reconocer su derecho de darnos lo que queremos a su manera. Al hacer eso nos "resistimos al diablo", que está detrás de nuestro egoísmo inquieto y desamorado. "Y con eso [al acercarse] Apolión abrió entonces sus alas de dragón, y huyó apresuradamente, y Cristiano no le volvió a ver más por algún tiempo" (Juan Bunyan, *El peregrino*).

Podemos "acercarnos a Dios" en oración. Cuando lo hagamos Él se acercará y nos encontrará en ese lugar tranquilo. En su presencia encontramos la satisfacción que anhelamos.

Debemos "lavar nuestras manos y purificar nuestro corazón", limpiarnos de toda acción y actitud egoísta que nos profane y degrade a otros. El placer egocéntrico y derivado de sí mismo no es una indiscreción pequeña ni una descortesía ligera, sino una perversión letal. Debemos "afligirnos, lamentarnos y llorar" por ello. El más mínimo egoísmo es un pecado verdaderamente grave.

Luego, habiéndonos humillado, Dios nos exaltará, nos levantará más alto de lo que estábamos antes. Lo que buscábamos, lo que creíamos que debíamos tener, se pierde en el placer del deleite dado por Dios.

Bernard de Clairvaux escribió hace mucho tiempo: "¿Qué harás si tus necesidades no son suplidas? ¿Volverás tus ojos a Dios para que supla tus necesidades? Dios promete que todo aquel que busque primero el reino y su justicia todas las cosas le serán dadas por añadidura. Dios promete que para aquellos que se limitan ellos mismos y le dan a su prójimo Él les dará lo que sea necesario. Buscar primero el reino de Dios quiere decir preferir llevar la yunta de modestia y restricción en lugar de permitir que el pecado reine en su cuerpo mortal" (extraído de *On the Love of God* [Sobre el amor de Dios]).

Pedirle a Dios que supla nuestras necesidades es mucho mejor que conseguir lo que queremos a nuestra manera, porque, como dice Santiago, Dios da "mayor gracia" (4:6), mayor que cualquier cosa que pudiéramos conseguir por nuestra cuenta.

Aquí yazco yo, Martin Elginbrode:
Apiádate de mi alma, Señor Dios,
Como haría yo si fuera el Señor Dios,
Y tú fueras Martin Elginbrode.

                 — Epitafio en una tumba escocesa

SER DIOS Y OTROS PELIGROS

> Hermanos, no murmuréis los unos de los otros. El que
> murmura del hermano y juzga a su hermano, murmura
> de la ley y juzga a la ley; pero si tú juzgas a la ley, no
> eres hacedor de la ley, sino juez. Uno solo es el dador
> de la ley, que puede salvar y perder; pero tú, ¿quién
> eres para que juzgues a otro?
>
> — Santiago 4:11–12

La etimología de la palabra que usa Santiago, "murmurar",
sugiere "hablar *mal*". Vinculada con esta otra palabra,
"juzgar", implica una inclinación a menospreciar a un
hermano. Pablo hace un señalamiento semejante: "Pero tú,
¿por qué juzgas a tu hermano? O tú también, ¿por qué
menosprecias a tu hermano?" (Ro. 14:10).

Ciertamente resulta inaceptable tolerar malas acciones o
aprobar un medio que permita que ocurran las malas acciones. En medio de la concepción confusa de la tolerancia de
nuestra cultura, una tolerancia que dice que no podemos cri-
ticar la idea del bien o el mal de nadie, debemos afirmar la
necesidad de saber lo que uno debe o no debe hacer. Dios ha
dado su Palabra y nos llama a discernimiento entre el bien y
el mal; el buen juicio es un indicio de madurez. Según señaló
G. K. Chesterton: "La moralidad, como el arte, se compone
del trazo de una línea recta".

Algunos han convertido las palabras de Jesús, "No juzguéis, para que no seáis juzgados" (Mt. 7:1), en una amonestación para no ver las faltas de otra persona, pero eso no puede ser lo que Él quiso decir cuando más adelante dice que no debemos "dar lo santo a los perros, ni echar nuestras perlas delante de los cerdos" (Mt. 7:6). Esa advertencia asume que podemos y debemos reconocer a las personas cínicas y profanas de tan solo verlas. De la misma manera, Jesús amonestó a sus discípulos a "juzgar por vosotros mismos lo que es justo" (Lc. 12:57).

Los mandamientos de Jesús y Santiago contra juzgar no consisten en trazar líneas rectas, sino en condenar a otros y desecharlos, juzgarlos sin misericordia y sin cuidar de sus almas. Dicho de otra manera, juzgar, en el sentido que Santiago emplea la palabra, es una cuestión de ser *solamente* justo.

Es bueno que Dios no sea solamente justo. Si lo fuera viviríamos en un mundo de problemas, porque nos juzgaría a todos en este momento. Acabaría con los tiranos monstruosos y crueles de todas partes, es cierto, pero también acabaría con *nuestra* crueldad y pequeñas tiranías. "¿No son justos los dioses?", le pregunta la médium de C. S. Lewis a su sabio mentor. "Oh, no, hija mía", fue la respuesta. "¿Dónde estaríamos nosotros si lo fueran?"

Recuerdo una conversación entre Robinson Crusoe y su criado Viernes: "Bueno", dice Viernes, "tú decir que Dios ser tan fuerte, tan grande; ¿no tener Dios tanto fuerte, tanto poder como el diablo?"

"Claro que sí, Viernes", contestó Crusoe, "Dios es mucho más fuerte que el diablo".

"Pero si Dios mucho fuerte, mucho poder como el diablo, ¿por qué Dios no matar al diablo y diablo no hacer más cosas malas?"

"También te podrías preguntar", le respondió Crusoe pensativo: "¿Por qué Dios no nos mata a ti y a mí cuando hacemos cosas malas que ofenden?"

Lo cierto es que Dios tiene todo el derecho de matarnos a

usted y a mí instantáneamente en el momento que hagamos algo malo, pero Él ha decidido mostrar compasión. Dios juzgará al mundo a su debido tiempo: "Cuando el sol envejezca, y las estrellas se enfríen, entonces el libro del juicio se abrirá", pero por ahora Él reserva el juicio final. Ojalá usted y yo nos pareciéramos más a nuestro Padre.

Conozco el mundo en el que vivo, un mundo mío propio, el estrecho mundo de mi mente: altivo, implacable y sentencioso. Con qué rapidez pronuncio juicio sobre los motivos y la conducta de otros aunque no tengo ni el conocimiento ni la autoridad para hacerlo.

Calvino escribió: "Nuestra indulgencia debe extenderse a tolerar imperfecciones de conducta... Siempre ha habido personas que, imbuidos con una falsa persuasión de santidad absoluta, como si ya se hubieran convertido en una especie de espíritus aéreos [tan ensimismados con el cielo que no son terrenalmente buenos], desdeñan la sociedad de todos aquellos en los que todavía ven algo humano".

Juzgar a otros no parece ser tanto un pecado, pero Santiago nos hace creer que es un incumplimiento grave de la ley del amor (Stg. 2:8). Cuando condeno a mi hermano ya no soy un hombre que ama a su hermano, sino su juez. Juez de mi propio hermano y de la ley de mi Padre, que la interpreta y la modifica para dar a entender lo que creo que debe significar, en ocasiones derogándola. Es mejor que ame a mi hermano como es y que deje a Dios lidiar con sus imperfecciones. Eso es un "ágape sentimentaloide", dicen ustedes. Yo digo que prefiero amar a muchos que a pocos.

Además, cuando condeno a mi hermano estoy siendo Dios, infringiendo sus derechos como juez de toda la tierra. "Uno solo es el dador de la ley, que puede salvar y perder", dice Santiago. Luego su dedo huesudo se sale del texto y me señala directamente a mí: "pero tú, [¡Sí, estoy hablando contigo!] ¿quién eres para que juzgues a otro?" (Stg. 4:12).

Algunas acciones son fáciles de identificar como pecado, pero juzgar es mucho más elusivo. Resulta difícil saber la diferencia entre discernimiento y condenación impía. ¿Dónde exactamente se traza la línea? No siempre sé e incluso cuando sé no siempre lo hago bien, pero aquí hay algunos pensamientos que me han ayudado.

Hay una máxima firme que todo juicio adecuado de mi hermano comienza con el juicio propio. No puedo discernir los pecados de otro hasta que me enjuicie a mí mismo. "¿Cómo dirás a tu hermano: Déjame sacar la paja de tu ojo, y he aquí la viga en el ojo tuyo?" (Mt. 7:4). Cuando se ve confrontado con las ofensas de un hermano el corazón humilde se vuelve primero a sí mismo y a Dios.

Además, no decir "más de lo que está escrito" (1 Co. 4:6) ni exigir a otros cumplimiento de lo que las Escrituras no exigen cumplimiento. Me es posible juzgar a un hermano no porque sea diferente de Jesús, sino porque sea diferente de mí. Necesito saber que otros son extraños, raros, excéntricos, inusuales y que marchan a otro compás sin ser pecadores ni llevar una conducta inmoral. "¿Tú quién eres, que juzgas al criado ajeno?" Dice Pablo de mis escrúpulos privados: "Para su propio señor está en pie, o cae; pero estará firme, porque poderoso es el Señor para hacerle estar firme" (Ro. 14:4). Donde las Escrituras callan, yo debo callar.

Finalmente, no debo juzgar los motivos de otros. Nunca he visto un motivo y no sabría reconocerlo si lo viera. Nunca puedo decir: "Tú hiciste eso porque...". Los motivos del corazón me resultan totalmente incomprensibles.

Las Escrituras están llenas de ejemplos de suposiciones equívocas, como las de los amigos de Job que estaban convencidos de que su sufrimiento era el resultado de un gran pecado. Aún así se equivocaron. Solo Dios sabía lo que ocurría. Con la experiencia limitada que tenemos, se asegura un veredicto equivocado.

Es bueno preguntarle a los que se han equivocado: "¿Me pueden decir por qué hicieron lo que hicieron?" Puede que nos sorprendamos de lo que nos enteremos. Aunque no podamos comprender del todo las intenciones de otro nos ayudara a ser un poco más comprensivos. "Como aguas profundas es el consejo en el corazón del hombre", dice el proverbio. "Mas el hombre entendido lo alcanzará" (Pr. 20:5). Es un antiguo dicho: "Conoce la carga de otro y luego no podrás hacer más que hablar con piedad".

Hace algunos años escuché una historia que de cierto modo ilustra esto. Al parecer había un joven vendedor que trabajaba en una compañía cuyo presidente le regalaba pavos a todos sus empleados en Navidad. Él hombre era soltero, no sabía cómo asar el pavo y particularmente no quería aprender. Por lo tanto, en lo que a él respecta el regalo era solo una complicación. Año tras año tenía que idear cómo deshacerse de aquello.

El día que se entregaron los pavos, dos amigos del hombre sustrajeron el pavo que llevaba su nombre en la etiqueta y lo sustituyeron por una imitación hecha de papel. Las únicas partes originales del pavo eran el cuello y la cola que sobresalían de ambos extremos de la envoltura de papel.

Luego el pavo falso se le regaló con la debida formalidad, y nuestro hombre, con su pavo debajo del brazo, tomó el autobús hacia su casa.

Y sucedió que se sentó junto a un hombre cuya melancolía era obvia. Compadeciéndose de él, el vendedor comenzó una conversación en la que las circunstancias amargas del otro hombre comenzaron a desplegarse. Había perdido su empleo y casi no tenía dinero para Navidad. Solo un par de dólares con los que podía hacer unas cuantas compras para la cena de Navidad. Sus fondos eran insuficientes para cualquier cosa excepto para lo esencial.

El hombre con el pavo sopesó la situación y se dio cuenta de que tenía la solución de sus dos problemas. Él podía darle el pavo de una manera que sería mutuamente beneficiosa. Su primer pensamiento fue regalarlo. Su segundo pensamiento fue vendérselo por unos cuantos dólares, pensando que su nuevo amigo pudiera salvar su dignidad pagando la comida.

Y así le propuso la venta, explicándole su dilema y su resolución sobre el asunto. El otro hombre se puso eufórico, se realizó el intercambio y llevó el pavo donde su esposa e hijos, quienes deben haberse reunido con emoción alrededor de la mesa mientras se desenvolvía el pavo, solo para descubrir que el pavo que su padre había traído era un fraude.

Imagínense la decepción e indignación de la familia defraudada. Sin embargo, el vendedor del pavo, que estaba lleno de buenas intenciones, se fue a casa satisfecho de haber hecho una buena acción ese día. Me cuentan que cuando regresó al trabajo después de sus vacaciones y se enteró de lo que sus socios habían hecho, dedicó la mayor parte de su tiempo libre durante el próximo mes tratando de rastrear a la víctima de aquella inocente pero mala jugada mas nunca volvió a ver al hombre.

La familia ofendida debe creer hasta hoy que fueron víctimas de un cruel engaño, un ejemplo clásico de la falta de humanidad del hombre para con el hombre, pero se equivocan. Las intenciones del hombre fueron totalmente buenas.

"Así que, no juzguéis nada antes de tiempo", advierte Pablo "hasta que venga el Señor, el cual aclarará también lo oculto de las tinieblas, y manifestará las intenciones de los corazones; y entonces cada uno recibirá su alabanza de Dios" (1 Co. 4:5–6).

El juicio es una impertinencia de mi parte: "Solo Dios conoce el corazón". Y es prematuro, debo esperar hasta que venga el Señor. Entonces Él "aclarará también lo oculto de las tinieblas, y manifestará las intenciones de los corazones". El tiempo y Dios proporcionarán el juicio final. Hasta entonces debo esperar.

Batiendo mis alas, en todas direcciones, dentro de tu jaula revoloteo, pero no fuera.

— C. S. Lewis

CONTROL TOTAL

¡Vamos ahora! los que decís: Hoy y mañana iremos a tal ciudad, y estaremos allá un año, y traficaremos, y ganaremos; cuando no sabéis lo que será mañana. Porque ¿qué es vuestra vida? Ciertamente es neblina que se aparece por un poco de tiempo, y luego se desvanece. En lugar de lo cual deberíais decir: Si el Señor quiere, viviremos y haremos esto o aquello. Pero ahora os jactáis en vuestras soberbias. Toda jactancia semejante es mala; y al que sabe hacer lo bueno, y no lo hace, le es pecado.

— Santiago 4:13–17

La planificación es algo que hacemos todos los días, un esfuerzo necesario para aprovechar al máximo nuestro tiempo en la tierra. Sin un plan inteligente, el desorden y el caos nos sobrecogen.

Aún así, Santiago insiste en que la planificación puede ser "maligna" (lo dice él, no yo) si planificamos sin contar con Dios. ¿Por qué? Porque es una impertinencia suponer que tenemos tanto control sobre nuestra vida. ¿Cómo podemos suponer que marcaremos nuestros calendarios con un año de antelación cuando no sabemos lo que nos deparará el próximo instante? ¿Cómo podemos planificar con tanta confianza para mañana cuando puede que no estemos aquí cuando suceda?

Usted es neblina, dice Santiago, vapor, una bocanada de humo, una nube fugaz, un aliento ("aliento y ropa", solía decir mi madre). Hoy estoy aquí, mañana no. Un virus vagabundo, un tropiezo involuntario, una bala perdida, un motorista equivocado nos golpea o nos saca de esta vida. Nos encontramos completamente a merced de nuestras circunstancias.

Aún así la circunstancia no es casualidad. No hay sucesos aleatorios, ni sucesos sin causa. Las varias fortunas de la vida están en manos de Dios. Es por eso que debemos decir: "Si el Señor quiere haré esto o aquello". Cualquier otra cosa es hacerse pasar por Dios.

Acá a Santiago le preocupa lo que los teólogos denominan *providencia*. El término proviene de dos palabras del latín *pro* y *videre*, lo que significa, "mirar adelante" y de ahí "planificar con antelación", y finalmente, "llevar a cabo el plan". Y como el agente de la providencia es un Dios Todopoderoso y Omnisciente a quien nada ni nadie puede resistirse, literalmente *todo* se incluye en su plan.

No hay otra causa que Dios. Su sabiduría es la razón para todo y su poder el medio por el que todo se lleva a cabo. No hay accidentes, casualidad, nada fortuito, no hay moléculas no marcadas, ni cabos sueltos. "No hay terreno neutral en el universo", dice C. S. Lewis. "Cada pulgada cuadrada, cada fracción de segundo es reivindicado por Dios".

Si usted tiene problemas con esta afirmación sugiero que sencillamente lea las Escrituras y deje que ellas le causen su propia impresión. (Tomemos por ejemplo el Salmo 139 y la insistencia de David de que todo su ser había sido ya obrado por Dios en su mente mucho antes de que se obrara en su ADN.) Se dará cuenta de que los escritores expresan el pensamiento de la soberanía de Dios repetidamente e incisivamente, pero la seguridad con la que lo expresan, o sencillamente lo asumen, debe provocar un efecto aún más convincente.

Los escritores bíblicos no eran tontos. Ellos veían el problema inherente a la soberanía de Dios y el libre albedrío humano. Ellos comprendían que lidiaban con asuntos que parecían conflictivos e inexplicables, aún así no les fue tropiezo una contradicción aparente ni tampoco trataron de reconciliar lo que parecía ser hechos distintos. Sencillamente afirmaron nuestra responsabilidad moral en *todas* las cosas, y el control de Dios sobre *todas* las cosas y continuaron adelante.

Este no es el lugar para hurgar en este asunto; basta con decir hasta este punto que no hay contradicción en Dios, solo paradoja y enigma. Y mientras más nos acercamos a nuestro Señor más paradójicas y enigmáticas comienzan a parecer las cosas. Debemos esperar que sea así. "Si supiera de una teoría en la que nunca hubiera un arco o torrecilla incompleta", escribió George MacDonald, "en cuya pared circundante no hubiera nunca una brecha, no debería hacer otra cosa que evitar esa teoría: tales brechas son las ventanas eternas a través de las cuales se asomará el amanecer".

La sabiduría infinita es algo más que conocer más que cosas finitas. Es la sabiduría en otra dimensión y por eso, es una sabiduría totalmente incomprensible. Todo cuanto podemos decir es lo que expresan los autores bíblicos de modo tan elocuente y explícito: "A pesar de nuestra libertad, Dios tiene todo bajo *completo* control. No podemos ir más allá de eso".

Naturalmente, si algún dios se sustituye por otro que no sea el Dios y Padre de nuestro Señor Jesucristo esta doctrina sería inefablemente cruel, pero la providencia es mucho más que *kismet* o un control impersonal y rígido. La sabiduría y el amor infinitos yacen detrás de cada circunstancia. Si tan solo tuviéramos ojos para verlo, descubriríamos un Salvador adorable y poderoso obrando en cada momento de nuestra historia y en cada experiencia de nuestra vida, incluso en nuestro sueño, en nuestros momentos de ocio, y en nuestros juegos, convirtiéndonos en hijos gloriosos y encantadores de los que Él disfrutará para siempre.

Pablo lo expresa de esta manera: "Y sabemos que a los que aman a Dios, todas las cosas [y él quiere decir *todas* las cosas] les ayudan a bien, esto es, a los que conforme a su propósito son llamados. Porque a los que antes conoció, también los predestinó para que fuesen hechos conformes a la imagen de su Hijo... " (Ro. 8:28–29).

Pablo no sugiere que todas las cosas sean buenas, ni deben sentirse bien, sino que todas las cosas obran para *nuestro* bien, el bien para el que fuimos creados, para ser exactamente como el propio Hijo amado de Dios.

Por lo tanto, ¿debemos renunciar a toda planificación a largo plazo y sencillamente seguir la corriente? No, podemos hacer planes y soñar sueños, pero debemos hacerlo completamente conscientes del control bondadoso y resuelto de Dios. Nosotros "vivimos y hacemos esto o aquello" como *Él* quiere y obra su propósito eterno y duradero para con nosotros.

Mi amigo, Jim Catlin, recientemente me escribió sobre un amigo suyo que tenía su vida muy bien planificada. "Tuve que decirle", escribió Jim, "que la vida raras veces se comporta así de lineal y predecible, y a la luz de los planes soberanos de Dios para con nosotros, así de ostensible. Tenemos una obligación, no, un *privilegio*, de ejercer cualquier habilidad que Dios nos haya dado para planificarnos con antelación, pero finalmente debemos asentir a la soberanía del que *prevé* el camino".

"Si Dios quiere", entonces, no un cliché piadoso que pronunciamos sobre nuestros planes, sino más bien una actitud que domina cada aspecto de nuestros pensamientos y planes. Es una cuestión de saber que estamos en manos de Dios no importa lo que suceda. Reconociendo que cada suceso, circunstancia, persona, obstáculo, intrusión que se nos presenta, se nos presenta únicamente porque Dios lo ha querido así. Es aceptar su voluntad, diciendo "amén" a las decisiones de quien busca lo mejor para nosotros, y en cuya mente cada paso (y descanso) se ha concebido eternamente por amor.

Podemos y debemos planificar y hacer preparativos para cada día, pero debemos hacerlo con todas las opciones abiertas, dándole libremente a Dios el derecho de revisar y revocar nuestros planes según su propia voluntad. Puede que la senda que Él escoja para nosotros no sea la que nosotros escojamos, la senda más fácil, la más dulce, la menos exigente, pero cada situación se ha planificado desde la eternidad para permitirnos aprovechar al máximo nuestra vida.

Además, cada situación, por molesta que pueda ser, se ha filtrado por el amor y sabiduría de Dios. Nada es accidental ni casual; todo se ha planificado en la mente eterna de un Padre bueno y fiel que determina todas las cosas para nuestro bien.

Yo encuentro contentamiento en esa seguridad. La voluntad de Dios es mi garantía, saber que no estoy solo, saber que no importa lo que yo planifique *siempre* estoy en los planes de Dios. Puedo poner toda mi ansiedad en Él porque Él cuida de mí.

Para citar a ese pescador pacífico, Izaac Walton:

"Cuando engendre contentamiento e incremente la confianza en la providencia del Dios Todopoderoso, andaré las praderas sobre una corriente, y allí contemplaré los lirios y otras pequeñas criaturas para las cuales Dios planifica y a las que cuida y por ende confían en Él".

La palabra "confiar" se dice que proviene del superlativo "el más verdadero". Confiar es saber que Dios es incomparablemente verdadero cuando nos dice que todas las cosas, incluso aquellas cosas que parecen erróneas y regresivas, están determinadas para nuestro máximo y eterno bien ¿Hay grandes decepciones en su vida, algún pesar continuo por una familia disfuncional, un cónyuge infiel, un amor perdido, un período de soledad y oscuridad que oculta el rostro de Dios y oscurece su amor? La pregunta es la siguiente:

¿Cómo considera estos sucesos? ¿Ha guardado resentimiento contra ellos y contra Dios? ¿Se siente frustrado porque sus planes han fracasado? ¿Se siente lleno de amargura porque cree que padece de alguna furia ciega?

Hay un mejor camino, el camino que siempre han tomado los santos humildes de Dios. Es reconocer a Dios de todas sus maneras, saber que la sabiduría está obrando aunque parezca que no obra en lo absoluto, obrando todas las cosas para bien de un modo callado, invisible e inexorable. En esto usted puede confiar.

¡Sea vuestra voluntad, no la mía, OH SEÑOR,
por oscura que pueda ser!
Guiadme con vuestra propia mano,
Para que mi camino Vos podáis escoger.

Sea buena o sea mala,
Aún así será la mejor;
Sea sinuoso o derecho, conduce
Justo a vuestro reposo regenerador.

No me atrevería a decidir por mi vida;
Aunque pudiera, no lo haría;
Decidid Vos por mí, mi Dios;
Y así en tu senda justa yo andaría.

Tomad Vos mi copa, y
Llenadla con gozo o pesar,
Según os parezca mejor;
Decidid Vos mi bienestar y malestar.

Elegid Vos a mis amigos,
Mi enfermedad o sanidad;
Elegid Vos mis preocupaciones,
Mi pobreza o celebridad.

No es mía, no es mía la decisión,
En cosas de grande o pequeña magnitud;
¡Sed tú mi Señor, mi amor,
Mi sabiduría, y mi plenitud!

— *Horacio Bonar*

Los molinos de Dios muelen lento,
  Y aún su grano es pequeño en exceso.
Aunque con paciencia Él aguarda,
  Preciso y completo es el proceso.

— *Friedrich Von Logou*

SU MERECIDO

¡Vamos ahora, ricos! Llorad y aullad por las miserias que os vendrán. Vuestras riquezas están podridas, y vuestras ropas están comidas de polilla. Vuestro oro y plata están enmohecidos; y su moho testificará contra vosotros, y devorará del todo vuestras carnes como fuego. Habéis acumulado tesoros para los días postreros. He aquí, clama el jornal de los obreros que han cosechado vuestras tierras, el cual por engaño no les ha sido pagado por vosotros; y los clamores de los que habían segado han entrado en los oídos del Señor de los ejércitos. Habéis vivido en deleites sobre la tierra, y sido disolutos; habéis engordado vuestros corazones como en día de matanza. Habéis condenado y dado muerte al justo, y él no os hace resistencia.

— Santiago 5:1–6

El dinero y el sufrimiento a menudo van de la mano, fundamentalmente cuando el dinero se ha obtenido explotando a otros. Las riquezas deshonestas y mal habidas llenan el alma de corrupción. Los hombres sin principios se arruinan por el moho y descomposición que corroe sus riquezas. "Lo que acompaña el tesoro corre la misma suerte del tesoro… El corazón que ronda la casa del tesoro donde la polilla y el óxido corrompen, será expuesto a los mismos estragos que el tesoro... Más de un ser humano, bello y próspero a la vista, anda con un corazón oxidado y comido por polillas con la forma de fortaleza o belleza" (George MacDonald).

Dios ve el corazón movido por la ambición y la avaricia, y algún día aquellos que se enriquecen por la opresión y el fraude lo verán y lo sufrirán también. La corrupción de su esencia y el alma de cada uno de ellos, dice Santiago: "testificará contra vosotros, y devorará del todo vuestras carnes como fuego".

"Habéis acumulado tesoros para los días postreros", advierte Santiago. Se acaba el tiempo. El fin de todas las cosas se encuentra cerca. "Los clamores de los que habían segado [defraudados] han entrado en los oídos del Señor de los ejércitos". El juez de toda la tierra, ¿no ha de hacer lo que es justo? (Gn. 18:25).

"Habéis vivido en deleites sobre la tierra, y sido disolutos". ¡Han tenido su día, pero el día de Dios se acerca!, "habéis engordado vuestros corazones como en día de matanza", como un cerdo parado con ambas patas en el comedero, engordándose para la matanza, devorándose a sí mismo hasta la muerte; un día habrá juicio.

Juicio es una palabra débil en estos días de tolerancia desenfrenada, fundamentalmente cuando se aplica a Dios. Preferimos pensar en una deidad que olvida el pasado, que felizmente le hace un guiño a la perversidad, que dice: "Los niños, niños son", y nos da una palmadita en la espalda para edificar nuestra autoestima.

Pero Dios es justo y finalmente Él debe ponerle fin a la injusticia. Cuando nos volvemos malos nuestra condenación no se tarda mucho. Él esperará pacientemente el tiempo que sea necesario para que un hombre o mujer se arrepienta y se vuelva a Él, porque Él no quiere que nadie perezca. Pero si no se vuelven a Él no hay forma de librarse de Él. "Dios tiene pies de lana y manos de acero", dice un antiguo proverbio árabe, que nos deja sacar nuestras propias conclusiones.

En realidad, nadie tiene que decirnos que el juicio se avecina. Toda persona sana lo sabe. Hace unos años vi un fragmento de ese programa de televisión satírico y maravillosamente creativo, *Esa era la semana que era* (de lo contrario conocido como TW³). En una escena breve David Frost estaba sentado a un escritorio con dos puertas detrás de él, una marcada "Paraíso", y la otra marcada "Infierno". Un hombre se acercó al escritorio con el sombrero en sus manos y le preguntó: "¿Por cuál de las dos puertas entro yo?" Frost respondió: "Usted sabe". La pregunta y la respuesta se repitieron unas cuantas veces, luego el hombre estrujó su sombrero de un apretón y echó a andar entrando por la puerta marcada "Infierno". Nadie nos lo tiene que decir. Nosotros *lo sabemos*.

Sin embargo, me parece a mí que Santiago no escribe primeramente para advertir a los opresores del juicio inminente. No, él se dirige a los opresores por el bien de los oprimidos. "los clamores de los que habían segado han entrado en los oídos del Señor de los ejércitos", les asegura él. Dios está a la puerta. Su "venida se acerca" (5:8).

Los clamores de los oprimidos han llegado a los oídos del Dios Todopoderoso y Él vendrá en su propio tiempo a vengar a los suyos. Los perversos serán eliminados; el mundo se verá obligado a admitir que hay un "Dios que juzga en la tierra" (Sal. 58:11). "Su sufrimiento no será para siempre", le asegura Él a los oprimidos. "Llegará su fin".

De ser cierto esto, Santiago da un consejo inesperado y sorprendente: "No haced resistencia". Eso, creo yo, es el énfasis de su planteamiento final, "Habéis condenado y dado muerte al justo, y *él no os hace resistencia*" (Stg. 5:6, cursivas añadidas).

El erudito griego Henry Alford parafrasea el comentario de Santiago de esta manera: "La conducta del justo ante su persecución siempre es de mansedumbre y sumisión". Es por eso que el comentario de Santiago es más que una observación. Tiene la fuerza de un principio: "El justo no le hace resistencia al mal".

Al parecer Santiago repite las palabras de Jesús: "Pero yo os digo: No resistáis al que es malo; antes, a cualquiera que te hiera en la mejilla derecha, vuélvele también la otra" (Mt. 5:39). Los justos no toman represalias ni se vengan. Ellos le dan cabida a la ira de Dios. A algunas personas *es necesario* pagarle, pero usted no lo haga. Dios pisa el lagar de la ira y la retribución solo (Is. 63:3).

Jesús lo dice de otra manera: "Toda planta que no plantó mi Padre celestial, será desarraigada. *Dejadlos*" (Mt. 15:13–14, cursivas añadidas).

Algunas personas son dignas de juicio, pero el problema es que no somos suficientemente sabios para saber cuándo vengarnos. Esa cuestión es demasiada compleja para nosotros; no sabemos a quién herir y cuándo herirlos si debiéramos decidirlo. No, el juicio es una obra de Dios solamente. *Solo* Él establecerá justicia en la tierra y la establecerá para siempre. El juez de toda la tierra, al final, hará lo justo.

Sin embargo, lo extraordinario sobre nuestro Dios, es que Él puede castigar al perverso por colocar su castigo en la cruz. Él puede ganarlos para Él por la obra de su Hijo. Él puede pagarles con salvación. Es por eso que debemos "dejarlos".

Mientras tanto, podemos consolarnos con las palabras del salmista:

> No te impacientes a causa de los malignos,
> Ni tengas envidia de los que hacen iniquidad.
> Porque como hierba serán pronto cortados,
> Y como la hierba verde se secarán.
> Confía en Jehová, y haz el bien;
> Y habitarás en la tierra, y te apacentarás de la verdad.
> Deléitate asimismo en Jehová,
> Y él te concederá las peticiones de tu corazón.
> Encomienda a Jehová tu camino,
> Y confía en él; y él hará.
> Exhibirá tu justicia como la luz,
> Y tu derecho como el mediodía.

Guarda silencio ante Jehová, y espera en él.
No te alteres con motivo del que prospera en su camino,
Por el hombre que hace maldades.
Deja la ira, y desecha el enojo;
No te excites en manera alguna a hacer lo malo.
Porque los malignos serán destruidos,
Pero los que esperan en Jehová, ellos heredarán la tierra.
Pues de aquí a poco no existirá el malo;
Observarás su lugar, y no estará allí.
Pero los mansos heredarán la tierra,
Y se recrearán con abundancia de paz.

— Salmo 37:1–11

Este salmo, del que Jesús tomó su Bienaventuranza: "Bien-aventurados los mansos", puede estar también detrás de las palabras de Santiago. Aconseja la mansedumbre en la faz de la injusticia grave. La mansedumbre es el medio por el que superamos al mundo.

Mansedumbre no es debilidad. Es "fuerza bajo control", como solía decir Ray Stedman. Es suficientemente fuerte para rehusarse a tomar represalias contra los que nos hacen mal. Es suficientemente grande para ser callados, apacibles y sencillos ante una injusticia grave.

Recuerden las palabras de Pedro: "también Cristo padeció por nosotros, dejándonos ejemplo, para que sigáis sus pisadas, quien… cuando padecía, no amenazaba, sino encomendaba la causa al que juzga justamente" (1 P. 2:20–23). Jesús no le pagó al mundo con su crueldad. Él esperó que el Padre lo defendiera.

Un padre de la Iglesia, Justino Mártir, dijo: "El milagro más grande de Jesús es que Él no tomó represalias". Cuando nuestro Señor se encontraba en la cruz, en lugar de recriminación amarga Él le encomendó su vida a Dios y esperó *su* justificación. Ese fue el secreto de su compostura y la nuestra.

Pero, dicen ustedes: ¿Está mal compensar la injusticia cuando venga? Depende. Si percibimos la injusticia dirigida a otros debemos asumir su causa y hacer lo que podamos para defenderlos. El amor lo exige. Ciertamente, ninguna persona decente se quedará de brazos cruzados mientras se abusa, se golpea o se defrauda a otra de alguna manera.

Asimismo, puede que sea necesario en ocasiones defendernos nosotros mismos. Fue Agustín, creo yo, el que primero señaló que cuando Jesús nos enseñó a "volver la otra mejilla", se refería a la mejilla *derecha* que era la mejilla golpeada (Mt. 5:38–39). Suponiendo que la mayoría de los asaltantes son derechos y típicamente nos pegarían en la mejilla izquierda, Jesús no pensaba en un asalto, sino en un insulto, una bofetada con el revés de la mano. En algunos casos debemos, en gran humildad, ofrecer la otra mejilla.

No, no creo que Santiago esté diciendo que nunca debemos responder a la injusticia. A él más bien le preocupaba la actitud con la que respondemos a la opresión. Su palabra *resistir* (5:6) es una palabra fuerte, que quiere decir en algunos contextos: "encarnizarse en batalla contra alguien". Tiene que ver con una guerra total y la furia y la animosidad que la acompañan. Para nosotros batirnos contra nuestros opresores en ese espíritu es ser como ellos. Hay un viejo dicho cuáquero que dice: "Si combatimos la bestia convirtiéndonos en otra bestia, entonces ha ganado la bestialidad".

Mucho depende del espíritu con el que se le hace resistencia a la justicia. Como dice Pablo: "Porque el siervo del Señor no debe ser contencioso, sino amable para con todos, apto para enseñar" (2 Ti. 2:24). Es importante que demostremos amor, paciencia y amabilidad a todos nuestros adversarios; incluso cuando debamos hablarle y hacerle frente. Los defensores airados y amargos hacen gran daño.

Y finalmente, cuando hayamos hecho todo cuanto podamos, debemos esperar pacientemente hasta que Dios vengue el mal y nos justifique. Él lo enderezará todo, en esta vida o en la próxima. Él es el Alfa y la Omega; Él, no nuestros oponentes, tendrá la última palabra.

Dios "ama la justicia" (Sal. 11:7). En su momento y a su

manera Él lo enderezará todo. Él está entre nosotros y nuestros enemigos. Él no nos dejará en sus manos. Él actúa firmemente y nadie puede interferir. Mientras tanto, nos cubre su sombra y sus alas nos dan abrigo. Allí nadie nos puede poner por tropiezo ni dañarnos.

Dios dice fuerte e insistentemente: "pelearán contra ti, pero no te vencerán; porque yo estoy contigo, dice Jehová, para librarte" (Jer. 1:19). Él no dice que nos asaltarán, no nos fustigarán, ni nos inquietarán. Él dice que no nos vencerán. "Nada en la vida es tan estimulante", expresó sonriente Winston Churchill una vez: "Como ser baleado sin el resultado esperado".

Saber que Dios ha asumido nuestra causa nos permite estar tranquilos y ser fuertes. Los débiles tienen que defender su dignidad y sus derechos. Aquellos a los que Dios ha fortalecido pueden rendirse. "Vuestra gentileza [tolerancia] sea conocida de todos los hombres". Escribe Pablo: "El Señor está cerca" (Fil. 4:5).

San Juan de la Cruz dice que aquellos a quienes Dios guarda tienen tres características distintivas: "Tranquilidad, gentileza y fuerza". Ansiedad, intensidad, inestabilidad y pesimismo nos plagan cuando tratamos de protegernos, pero aquellos a quienes Dios guarda y fortalece gozan de la naturaleza calmada y tranquila de aquel en quien ellos confían.

> *Descuidado parece el Gran Vengador;*
> *La historia en sus páginas sólo labra*
> *lucha a muerte en las tinieblas*
> *Entre antiguos sistemas y la Palabra.*
> *Para siempre en el cadalso la verdad,*
> *Para siempre en el trono la injusticia.*
> *Pero ese cadalso el futuro cambia,*
> *Y detrás de la desconocida noticia*
> *Está Dios entre las sombras*
> *Ofreciendo a los suyos vigilancia vitalicia.*
> — *James R. Lowell*

La resistencia la cualidad coronadora,
Y la paciencia toda la pasión de los grandes corazones.
                                    — *James Russell Lowell*

Un gran corazón

Por tanto, hermanos, tened paciencia hasta la venida del Señor. Mirad cómo el labrador espera el precioso fruto de la tierra, aguardando con paciencia hasta que reciba la lluvia temprana y la tardía. Tened también vosotros paciencia, y afirmad vuestros corazones; porque la venida del Señor se acerca. Hermanos, no os quejéis unos contra otros, para que no seáis condenados; he aquí, el juez está delante de la puerta. Hermanos míos, tomad como ejemplo de aflicción y de paciencia a los profetas que hablaron en nombre del Señor. He aquí, tenemos por bienaventurados a los que sufren. Habéis oído de la paciencia de Job, y habéis visto el fin del Señor, que el Señor es muy misericordioso y compasivo.

Santiago 5:7–11

Dice Santiago: Debemos soportar con una paciencia inquebrantable los ataques maliciosos de la maldad. Debemos ser pacientes y amables ante la provocación. Debemos refrenar nuestra lengua, estar calmados, tener serenidad y compostura cuando atravesemos una inmensa cantidad de crueldad y tergiversación. Debemos reparar los daños no por medio de la fuerza, sino por medio del diálogo paciente y a través de los medios pacíficos que nuestro Señor empleó. Eso es lo quiere Santiago, para aquellos cuyos corazones son guardados por la promesa segura de Jesús, "¡Vengo a vosotros!" (Jn. 14:28).

La paciencia es un corolario necesario de la venida de Cristo. ¿Por qué no debemos soportar la indignidad y la injusticia ante la justicia máxima y absoluta? ¿Hay alguna otra esperanza mejor que saber que Jesús viene de nuevo para enderezar todas las cosas? ¿Hay alguna manera mejor de engendrar hábitos de paciencia y paz?

Como el labrador ponemos nuestra confianza en su debido proceso. El labrador siembra la semilla y espera pacientemente hasta que aparezca la cosecha. Él no se decepciona ni se disuade por la demora. Asimismo, nosotros aguardamos el proceso por medio del cual Dios erradicará el mal y reunirá a los suyos. Él nos ha dado su palabra de que Él regresará y lo ha hecho por escrito. Es lo más seguro del mundo. Como contestó Helmut Thieleke cuando le preguntaron qué le dirá a Jesús cuando aparezca: "Sabía que lo decías en serio".

La vida buena es una bonificación, no es algo que nos corresponda. El sufrimiento y la opresión continuos bien pueden ser lo que nos toque aquí en la tierra. Pero aquí y solo aquí nosotros sufrimos por amor a Jesús. Aunque las circunstancias puedan parecer deprimentes e imposibles en la actualidad, vendrá un día mejor: "un mañana en ciernes a medianoche", dijo Keats. Más allá del mundo visible hay un juez, que vigila a los suyos, esperando para responder cada plegaria y vengar cada injusticia. Dios odia la injusticia y nos justificará a su debido tiempo.

Mientras tanto, cuando nos aflija una injusticia debemos evitar justificarnos nosotros mismos. Podemos responder a la injusticia como hizo Nehemías y calmados exponer nuestro caso, pero debemos evitar la venganza y las represalias. Ese es un trabajo para Dios.

Debemos estar tranquilos a menos que nuestra meta sea el bien de nuestro detractor. Debemos volvernos al instante hacia nuestro justo Juez, pidiéndole justificar el bien y reparar los daños. Mientras más débiles y vulnerables seamos más cabalmente nos puede proteger Dios.

No debemos "quejarnos unos con otros" cuando nos sintamos afligidos. No debemos culparnos unos a otros por nuestros problemas, a lo que nos inclinamos cuando la causa real de nuestro infortunio nos resulta inaccesible. Más bien, debemos dejar que todos conozcan nuestra "dulce razón", incluso en medio de intimidación y temor.

Dios quiere obrar en nosotros aquellas cosas que no son naturales para nosotros. Cualquiera puede ser paciente cuando todo marcha como esa persona desea. Lo grandioso es estar sereno y calmado cuando las circunstancias son adversas.

Quizá Dios lo ha llamado para que soporte ser servido pobremente. Súfralo alegremente, porque esto es aceptable ante Dios. Aprenda a ser paciente, amable y gentil en medio de todo lo que lo moleste. Si usted comete una injusticia contra otros con una palabra airada, pídales perdón y hágales algún pequeño acto de amabilidad. No se desaliente por sus errores, sino vuélvase a Dios constantemente.

Cada día está lleno de disturbios. Debemos aprender a lidiar con ellos. Cada suceso problemático nos enseña a vivir pacientemente en la presencia de Dios. No debemos confiar en nuestras buenas intenciones, sino buscar su gracia para ser humildes, serenos y fuertes. Él es accesible para todos los que lo quieren. Él está justo fuera de la puerta.

Claro está, todo toma tiempo y tiempo es algo que le sobra a Dios. Tiene tanto tiempo, de hecho, eso es irrelevante: un día es para Él mil años y mil años son para Él un día. Es por eso que su concepto de tiempo puede parecer tan terrible. Como el salmista exasperado, clamamos: "¿Cuánto tiempo, OH SEÑOR? ¿Cuánto tiempo?"

Pero no debemos apurar a Dios indebidamente no sea que lo forcemos a renunciar a su mejor obra. La demora es su herramienta fundamental para la factura de almas y fundamentalmente para desarrollar esa cualidad que tanto nos cuesta tener, paciencia. Cuando tratamos de apurar a Dios la perdemos.

De niños asociábamos la paciencia con pasividad e inactividad, con aquellos días en los que esperábamos algo que al parecer nunca llegaba, un cumpleaños, Navidad, un viaje a Disneylandia. Nos decían una y otra vez: "Debes tener paciencia".

Luchábamos con indefensión. Lo único que podíamos hacer era quedarnos en nuestro lugar mientras el tiempo pasaba. El tiempo era el tirano. Las manecillas del reloj marcaban con su tic tac los largos minutos hasta que pudiéramos abrir nuestros regalos o llegar a la playa. Con tales recuerdos, la paciencia fácilmente se vuelve peyorativa.

Pero la verdadera paciencia es algo más. Es una aceptación humilde de los caminos de Dios mientras Él obra para nosotros su voluntad. Es una seguridad calmada de que la sabiduría no puede cometer errores y lo hace todo bien. Es una confianza serena en que el Señor está lleno de compasión y misericordia, y de que algún día nosotros, al igual que Job, veremos lo que Él al fin de todas las cosas desea.

A diario pacientes y fuertes hemos de ser,
Con calma a la prueba y dulzura al mal responder,
Luego su lucha pasará y su pena cesará;
Se oscurecerá y morirá; y paz nuestro Dios traerá.
— *Annie Johnson Flint*

Por encima de todo, me gustaría ser veraz.
— *G. K. Chesterton*

SER VERAZ

Pero sobre todo, hermanos míos, no juréis, ni por el
cielo, ni por la tierra, ni por ningún otro juramento;
sino que vuestro sí sea sí, y vuestro no sea no, para
que no caigáis en condenación.

— Santiago 5:12

La honestidad es la mejor política, decimos nosotros. No,
la honestidad es la *única* política o al menos eso Santiago
nos hace creer. "Por sobre *todo*", escribe él, "que vuestro sí
sea sí, y vuestro no sea no" (cursivas añadidas).

Debemos decir la verdad, decirla de tal forma que no haya
razón para jurar por el cielo, ni por la tierra, ni tampoco decir: "¡Juro, juro, por la bolsa del canguro!" Ser tan veraces
que una afirmación sencilla y callada baste. Como decía John
Stott: "Cuando basta con un monosílabo, ¿por qué desgas-
tarse agregando palabras?"

Santiago tenía en mente bien claras las palabras de Jesús:
"Además habéis oído que fue dicho a los antiguos: No
perjurarás, sino cumplirás al Señor tus juramentos. Pero yo
os digo: No juréis en ninguna manera; ni por el cielo, porque
es el trono de Dios; ni por la tierra, porque es el estrado de
sus pies; ni por Jerusalén, porque es la ciudad del gran Rey.
Ni por tu cabeza jurarás, porque no puedes hacer blanco o

negro un solo cabello. Pero sea vuestro hablar: Sí, sí; no, no; porque lo que es más de esto, de mal procede" (Mt. 5:33–37).

"Jurar" no es blasfemia ni maldición, sino hacer juramento, una práctica común en la época de Santiago. Las personas solían hacer promesas para asegurarles a otros que no había problemas, que lo que estaban por decir era cierto, que harían lo que decían o se encargarían de que alguien lo hiciera.

Los juramentos no tienen nada de malo. Incluso Dios en ocasiones ha hecho juramentos (Gn. 22:16; He. 6:13–18), aunque lo ha hecho no para darse más credibilidad, sino para provocar y confirmar nuestra fe. Lo que ha hecho que Dios sea tan condescendiente con nosotros no es culpa suya, sino nuestra. Dado el hecho de que el mundo está hasta los topes de mentirosos, podemos preguntarnos en ocasiones si incluso Dios nos dice la verdad.

A lo que Santiago se refiere es que los hombres honestos no necesitan recurrir a juramentos, no quiere decir que tengan que rehusarse a hacer juramentos cuando se requiera por una autoridad externa. Jurar es una confesión tácita de la deshonestidad humana y es esencial en un mundo donde no siempre se puede confiar en los hombres. "Los juramentos surgen porque con frecuencia los hombres son mentirosos", dijo A. M. Hunter. Me parece que el amor exige que nos adaptemos a la práctica cuando se requiera por la ley, y a mostrar obediencia y cortesía al estado. "Un hombre puede jurar cuando lo requiera el Magistrado, en una causa de fe y caridad", es como lo expresan los *Artículos anglicanos de la religión cristiana*.

Sin embargo, en el lenguaje común no hay necesidad de jurar que decimos la verdad, ni de llamar a nadie para que confirme lo que decimos, porque nuestro carácter garantiza nuestras palabras. Si decimos la verdad en el corazón, nuestra palabra solamente será suficiente.

¿Por qué se nos hace necesario hacer promesas con juramentos? La única razón es que creemos que no nos creerán nuestras propias palabras. Pero mientras más recurramos a juramentos más degradaremos nuestro lenguaje y nuestra reputación.

No, debemos ser tan veraces de manera que nuestra reputación nos preceda. Nuestras conversaciones deben ser tan honestas y nuestro carácter tan veraz que nadie pueda dudar de nosotros. Una palabra sencilla bastará. Esa condición, dice Santiago, es "sobre *todo*".

Charles Eliot, quien fuera presidente de la Universidad de Harvard a principios de la década de 1900, anunció una vez que estaba pensando en eliminar el béisbol como deporte en la escuela. Cuando le presionaron para que diera una explicación, respondió: "Este año el equipo salió bien porque un lanzador proyectó una buena curva. Tengo entendido que la curva se lanza con la intención deliberada de engañar. Ciertamente esa no es una habilidad que queremos fomentar en Harvard".

Aunque podemos considerar el entendimiento del buen hombre sobre la estrategia del béisbol como raramente ingenuo, tiene absolutamente toda la razón en su aversión para promover el engaño. Tampoco debiera fomentarse la falsedad entre el pueblo de Dios. La deshonestidad y otras conductas mentirosas no deberían nombrarse nunca entre nosotros. Debemos ser honestos por completo, no solo con todo lo que decimos, sino con todo lo que hacemos. Esa es la virtud que denominamos "integridad".

Integridad proviene de la misma raíz latina que *integer*, y lleva consigo la idea de entereza. (Jerónimo, de hecho, en la Vulgata latina, traduce la palabra griega "entero" con el equivalente latino, *integer*.) Una persona de integridad, como un número entero, es entera, íntegra, una sola pieza.

Integridad significa que nuestra alma está integrada por la verdad. No hay segmentos de nuestra existencia de los que se excluya la verdad, no hay factores falsos, no hay cuestiones ocultas, no hay cámaras secretas reservadas para la falsedad y la tergiversación. Somos honestos *de medio a medio*.

Integridad quiere decir que los mismos valores intrínsecos,

ideales, y absolutos rigen nuestra vida en todas sus partes. Quiere decir que ninguna parte de nuestra conducta es una mentira. No nos comportamos de una manera en un lugar y de otra diferente en otro lugar. Somos los mismos en casa o lejos de ella, en el trabajo o en la calle. En público donde otros pueden observarnos o en privado donde nadie puede ver lo que hacemos. A diferencia del personaje de Juan Bunyan, Locuacidad, el acompañante hablador, quien era "el mejor cuando estaba de viaje; en casa era otra cosa bien diferente". Como expresa Howard Hendricks: "La prueba de la integridad es cómo se comporte cuando nadie lo observa".

Quiere decir que contamos nuestras historias tal como son sin la indebida hipérbole y exageración. Quiere decir que cualquier cosa que hayamos dicho es absolutamente cierta. Si hemos dicho: "El cheque fue enviado", entonces debe estar en camino. Si hemos acordado hacer un trabajo entonces debemos hacerlo, no importa lo que nos cueste. Si hemos prometido orar por un amigo necesitado, entonces por todos los medios, debemos orar. Si hemos prometido "amar, honrar y querer hasta que la muerte nos separe", entonces debemos "soportar el aterrizaje", como dicen mis amigos pilotos, siempre que dependa de nosotros. Integridad quiere decir ser confiable y fiel. Se puede confiar en nosotros; las personas pueden contar con nosotros en todo lo que decimos y hacemos. Eso es lo que quiere decir ser honesto (cp. 2 R. 22:7).

Hace algún tiempo recibí el siguiente comentario de Jim Catlin, el amigo mío que mencioné anteriormente. Él es un gran narrador de cuentos, sus observaciones son sagaces y medidas:

> Hace unas noches Dorothy llegó a casa con un número de películas de video alquiladas en nuestra localidad. Me sentía un poquito mal, me estaba recuperando de una cirugía que recientemente me habían realizado en el

hombro y ella esperaba que eso me distrajera un poco del dolor. Era la serie televisiva *Lonesome Dove (La paloma solitaria)*, que se transmitió en el año 1988 y que, en aquel momento, cautivó nuestra imaginación con sus personajes vívidos.

En la historia, el capitán McCall asiente al último deseo de su amigo de toda la vida, Gus McCrae, quien se encontraba en su lecho de muerte, y quería que lo enterrara en Texas. Mientras se dirigía a Texas desde Montana con el cuerpo de su amigo, en el camino se encuentra con los curiosos que le preguntan por qué hace una locura como esa. En uno de esos encuentros, el capitán, que era un hombre de pocas palabras, sencillamente miró frente a frente a quien le preguntaba y le respondió lentamente con su acento sureño: "Le di mi palabra".

Tras una larga pausa los dos hombres se miran y se examinan mutuamente con la vista hasta que finalmente el extraño dice: "Sí, se nota que sí". El capitán asiente con la cabeza en un gesto de satisfacción y se aleja del hombre.

Me encantó el drama del momento porque cautiva el personaje del capitán. Hasta los extraños se daban cuenta. Sus palabras y sus acciones eran una sola cosa, la resolución de toda una vida de un viejo miembro de la policía montada del estado de Texas quien se había hartado de las excusas amañadas y las falsedades de los delincuentes a quienes les había hecho justicia durante años. "Le di mi palabra". ¡Y al capitán Woodrow McCall con su palabra bastaba!

"Atrévase a ser honesto", escribió George Herbert, "nada puede necesitar una mentira; una falta que la necesite mucho produce dos de ese modo". Una mentira conduce a otra y luego a la ruina. La falsedad, el engaño y otras formas de vivir en la oscuridad pueden obrar bien al principio, pero llevan dentro la simiente de la destrucción. Jadis, la bruja blanca mentirosa de C. S. Lewis, tenía un trineo que funcionaba bien siempre que Narnia estuviera asolada por sus cien años de invierno, pero cuando Aslan llegó y la nieve comenzó a derretirse, su trineo comenzó a tener dificultades. Llega un momento en que Dios intercede y nuestra falsedad deja de surtir efecto. Se nos descubre y nos exponen; caemos en humillación y vergüenza. El sabio escribió: "La integridad de los rectos los encaminará; Pero destruirá a los pecadores la perversidad de ellos" (Pr. 11:3). Eso es lo que significa "*caer* en juicio".

En realidad, es algo bueno ser expuesto por Dios. De no serlo, el fin sería más catastrófico. Los mentirosos caen en las garras del maligno, el mentiroso y padre de mentiras. Comenzamos a creer nuestras propias mentiras de modo que ya no podemos distinguir entre el bien y el mal. Nos endurecemos y nos volvemos cínicos. No amamos ni respetamos a nadie, ni siquiera a nosotros mismos. Deberíamos alegrarnos de que Dios en su gracia nos exponga. Hay condiciones mucho peores que ser descubierto.

No hay necesidad de ser deshonesto. Hay una Palabra que nos permite discriminar, saber que A es bien y B es mal, A es mejor, B es peor, A es bella, B es fea; una Palabra que nos informa de cada aspecto de nuestro gusto y nuestro juicio. Una Palabra que expone nuestras confusiones, nuestras pequeñas y astutas sofisterías, nuestras maneras sutiles de mentirles a otros y a nosotros mismos.

Debemos tejer la palabra con nuestra vida para que todas nuestras partes se conformen, para que todo lo que digamos y hagamos sea cierto. Hasta que se forme la palabra dentro de nosotros hay poca sinceridad u honestidad en nosotros, pero cuando comienza a dar forma a nuestros pensamientos nos hace veraces para con nosotros mismos y para con otros. Podemos "andar delante de [Dios] en integridad de corazón y en equidad" (1 R. 9:4).

Una vez más somos llamados a hacer algo más de lo que somos, algo más de lo que podemos ser por nosotros mismos. Aún así no es lo que somos hoy lo que importa, sino lo que *queremos* ser. ¿Quiere usted ser veraz? Pues usted piensa como Dios y lo será. Cuando la honestidad llega donde la voluntad, Dios puede comenzar a hacerlo real. Entonces usted también será veraz.

> Jehová, ¿quién habitará en tu tabernáculo?
> ¿Quién morará en tu monte santo?
> El que anda en integridad y hace justicia,
> Y habla verdad en su corazón.
> El que no calumnia con su lengua,
> Ni hace mal a su prójimo,
> Ni admite reproche alguno contra su vecino.
> Aquel a cuyos ojos el vil es menospreciado,
> Pero honra a los que temen a Jehová.
> El que aun jurando en daño suyo, no por eso cambia;
>
> — Salmo 15:1–4

Y así, esto molestó algo a Cristiano; pero haciendo un gran esfuerzo, pronto alcanzó a Fiel y aun le pasó, y así el último llegó a ser el primero. Entonces se sonrió, vanagloriándose por haberse adelantado a su hermano; pero no mirando bien dónde pisaba, de repente tropezó y cayó, y no pudo levantarse hasta que Fiel llegó a socorrerle. Entonces vi en mi sueño que siguieron juntos en la mayor armonía, discurriendo dulcemente sobre todo lo que les había pasado en su viaje.

— Juan Bunyan, El progreso del peregrino

JUNTOS

¿Está alguno entre vosotros afligido? Haga oración. ¿Está alguno alegre? Cante alabanzas. ¿Está alguno enfermo entre vosotros? Llame a los ancianos de la iglesia, y oren por él, ungiéndole con aceite en el nombre del Señor. Y la oración de fe salvará al enfermo, y el Señor lo levantará; y si hubiere cometido pecados, le serán perdonados. Confesaos vuestras ofensas unos a otros, y orad unos por otros, para que seáis sanados. La oración eficaz del justo puede mucho. Elías era hombre sujeto a pasiones semejantes a las nuestras, y oró fervientemente para que no lloviese, y no llovió sobre la tierra por tres años y seis meses. Y otra vez oró, y el cielo dio lluvia, y la tierra produjo su fruto.

— Santiago 5:13–18

Santiago comenta sobre las muchas etapas y estados de ánimo del peregrinaje y concluye con instrucciones sobre cómo sanar a los enfermos. Asumiendo las muchas traducciones de este párrafo, él concluye con la nota equivocada o al menos eso me parece a mí.

Resulta incongruente que Santiago concluya su epístola con instrucciones sobre cómo sanar el cuerpo cuando su preocupación a lo largo de toda la epístola ha sido la salud y el bienestar de nuestra alma. Aunque yo sí creo que Dios sana, supongo que Él está preocupado en este texto no con la enfermedad física, sino con la enfermedad del *alma* que con tanta frecuencia nos asedia en nuestro peregrinaje. Permítanme explicarles.

La palabra *enfermo* del versículo 13 significa realmente, "indefenso" o "impotente" y aunque con frecuencia se usa en los Evangelios y Hechos para referirse a debilidad física, en las Epístolas casi siempre se refiere a limitación y discapacidad *espiritual*. El contexto de Santiago sugiere el último significado.

La palabra *enfermo* aparece nuevamente en el versículo 15: "La oración de fe salvará al *enfermo*" (cursivas añadidas). Aquí aparece una palabra griega diferente que sugiere cansancio y fatiga. Se encuentra solamente en otro lugar del Nuevo Testamento: "Considerad a aquel que sufrió tal contradicción de pecadores contra sí mismo, para que vuestro ánimo no se *canse* hasta desmayar" (He. 12:3–4).

Yo entiendo el texto de Santiago, entonces, como una exhortación a aquellos que han sido diezmados por el pecado, que han probado la derrota habitual y se han desalentado en su lucha contra el acoso de los pecados. Le preocupa el dolor profundo y penetrante que nos abruma cuando nos encontramos sujetos a hábitos y pasiones pecaminosas, y conductas obsesivas de las que nos resulta difícil, sino es que nos resulta imposible, escapar. Estamos derrotados; estamos perdidos. No damos para más.

Santiago nos asegura que no tenemos que manejarlo nosotros solos. Podemos llamar a los ancianos, compañeros maduros, y pedirles que oren por nosotros. Sus intercesiones, nos asegura Santiago, reavivarán nuestro espíritu cansado y renovarán nuestro deseo de seguir adelante. El propio Dios, que nos refresca con su presencia perdonadora, "[nos] levantará" de la desesperación, la melancolía y por eso "la oración de fe" producirá nuestra sanidad. Habrá un fin para la dominación del pecado.

¿La "unción"? Solo un recordatorio sutil de que nuestro Señor Jesús, el Espíritu de santidad (cuya presencia se simboliza acertadamente con aceite medicinal), es quien nos sana y nos hace santos. Hay un bálsamo en para sanar a las almas enfermas de pecado.

Algunos pecados son demasiado para nosotros. No podemos lidiar con ellos nosotros solos y necesitamos los esfuerzos de otros. Creyentes más maduros que nos ayuden a liberarnos de Satanás que nos ha tomado cautivos para hacer su voluntad. Luchar solos es marchitarnos y morir.

Martín Lutero escribió: "Ningún hombre debe estar solo cuando se enfrente a Satanás. La iglesia se instituyó para este propósito, para que las manos se puedan juntar y una pueda ayudar a la otra. Si la oración de uno no ayuda, la del otro ayudará".

"Confesaos", concluye Santiago, "vuestras ofensas *unos a otros*, y orad *unos por otros*, para que seáis sanados. La oración eficaz del justo puede mucho".

Suena raro que Santiago cambie de llamar a los ancianos, a pedir ayuda de los miembros comunes y corrientes, pero yo creo que él piensa aquí en un mantenimiento *preventivo*. No tenemos que esperar hasta que el mal nos sobrecoja y sean necesarias medidas extremas. En este mismo instante podemos conseguir ayuda.

Podemos encontrar un alma gemela, un aliado de confianza que se mantendrá a nuestro lado en la batalla contra el pecado. Un amigo amable y gentil que escuche nuestras motivaciones, celos, frustraciones e inclinaciones más profundas sin juicio ni censura, una presencia generosa, un confidente leal a quien podamos contarle sin reservas: "Esta es mi verdad". Alguien que nos pregunte con generosidad sobre nuestros pensamientos secretos, nuestras pasiones más oscuras, nuestros momentos a solas, desprotegidos, y luego, nos pregunte si hemos mentido.

"Mejores son dos que uno", dice el filósofo, "porque tienen mejor paga de su trabajo. Porque si cayeren, el uno levantará a su compañero; pero ¡ay del solo! que cuando cayere, no habrá segundo que lo levante" (Ec. 4:9–10). Como dijera Dietrich Bonhoeffer: "La confesión no es una ley divina, sino un ofrecimiento de ayuda divina para el pecador".

La oración es un factor primario en esta fraternidad. No podemos arreglar a otros. No podemos cambiarlos, no podemos ayudarlos realmente. Solo podemos llevarlos ante nuestro Gran Sumo Sacerdote, quien solamente "nos da el oportuno socorro" (He. 4:16).

La oración, en el sentido de que nos lleva donde Dios, es "poderosa y eficaz". Es terapéutica. ¡Ella sana! Es como Dios ha prometido, no que pondrá fin a toda aflicción física, sino que Él pondrá fin al pecado. Esto hará Él a su debido tiempo y con la seguridad de su buen nombre.

Orar simplemente parece algo pequeño. ¿Hay algo más que debamos hacer? Por supuesto, pero nada esencial. La oración es lo que debemos hacer antes de hacer cualquier cosa. Recuerden las palabras de Jesús: "Simón, Simón, he aquí Satanás os ha pedido para zarandearos como a trigo; *pero yo he rogado por ti*" (Lc. 22:31–32, cursivas añadidas).

Elías, nos recuerda Santiago: "era un hombre sujeto a pasiones como las nuestras", un hombre común y corriente, aún así logró cosas extraordinarias a través de la oración. ¡Él cambió el curso inviolable de la naturaleza! Por eso, si oramos por la cura del pecado, se hará algo más allá de nosotros: Los pecadores comenzarán a "ser *sanados*", dice Santiago, usando un tiempo verbal que sugiere "un *estado de sanidad*". Dios fluirá a través de nuestras oraciones para engendrar integridad y salud espiritual.

"Donde hay muchos todo discurso se convierte en un debate sin fin", escribió J. R. R. Tolkien: "Pero dos juntos encontrarán sabiduría". Esta es también la promesa de Dios.

No te daré consejo, diciéndote haz esto o aquello. Porque no en hacer, ni en ingeniármelas, ni en elegir este camino o aquel, puedo yo aprovechar, sino solo en saber lo que fue , o es, y en parte también lo que será.

— *J. R. R. Tolkien*

ÚLTIMAS PALABRAS

Hermanos, si alguno de entre vosotros se ha extraviado de la verdad, y alguno le hace volver, sepa que el que haga volver al pecador del error de su camino, salvará de muerte un alma, y cubrirá multitud de pecados.
—Santiago 5:19–20

Las últimas palabras son palabras perdurables", bien dijo alguien. Por tanto, Santiago nos deja con una exhortación paciente y decisiva, buscar a aquellos que a través del ceder perpetuo al pecado se han rendido ante él y se han alejado de la verdad.

Este es el "pecador" del que escribe Santiago, el alma perdida que no debemos rechazar ni desestimar. Debemos buscarlo y salvarlo de la muerte. Ese estado similar a la muerte que cubre a los que se han entregado a su vergüenza.

"La muerte" es la esclavitud, la frustración, la confusión y la tristeza abrumadora que inevitablemente le hace resistencia a la voluntad de Dios. Es lo que otra generación de cristianos habría denominado *acedia*, sopor o apatía espiritual, un "cansancio de esfuerzo que se extiende al corazón y se vuelve cansancio de amor" (Melvin Maddocks).

Santiago repite las palabras de Pablo: "También os rogamos, hermanos,… alentéis a los de poco ánimo, que sostengáis a los débiles, que seáis pacientes para con todos" (1 Ts. 5:14). Prohíba Dios que en nuestra persecución de nuestra propia santidad dejemos a otros detrás.

Sin embargo, al principio no necesitamos decirles mucho a los que se han alejado. Ciertamente no necesitamos censurarlos. Ellos *lo saben*. "Cuando uno tiene en su conciencia la menor de las cosas", dijo Kierkegaard, "de inmediato está consciente del peso infinito de Dios".

Fenelon, un santo del siglo XVII, escribió con gran sabiduría:

> Aquellos que corrigen a otros deben cerciorarse de que el Espíritu Santo se aferre de ellos y toque el corazón de la persona. Aprendan a imitar a aquel que reprueba con delicadeza. Las personas no necesitan ver a Dios condenándolas, deben darse cuenta dentro de ellas mismas que han hecho algo malo.

> No sean torpes no sea que las personas vean a Dios como un ogro sentencioso. Cuando nos sentimos ultrajados por la falta cometida por una persona, generalmente no es una indignación justa, sino su propia personalidad impaciente expresándose por sí misma. He aquí el imperfecto señalando con el dedo al imperfecto.

> Mientras más se ame usted mismo de un modo egoísta, más crítico será. El amor propio no puede perdonar el amor propio que descubre en otros. Nada le resulta más ofensivo a un corazón altanero y engreído que ver otro igual que él.

El amor de Dios está lleno de consideración, paciencia y ternura. Con el tiempo saca a las personas de sus debilidades y pecados. Es mejor, entonces, esperar largo tiempo antes de aconsejar y corregir y escuchar lo suficiente para conocer el corazón del pecador. La realidad raras veces yace en la superficie, sino que se encuentra en lo profundo. Si esperamos lo suficiente, lo discerniremos.

Si tan solo acalláramos nuestra compulsión a hablar, si calláramos, esperáramos, observáramos y oráramos hasta que nuestros amigos estuvieran seguros de nosotros, comenzaríamos a escuchar la miseria del alma de cada uno de ellos y luego, como he dicho, no podríamos hacer más que hablar con piedad.

¿Con qué frecuencia saco conclusiones precipitadas sobre los pecados de otros y comienzo a moralizar sin sensibilidad y entendimiento? ¿Con qué frecuencia no logro sentir mis propios pecados mientras oigo los de ellos? ¿Con qué frecuencia hablo sin piedad o compasión porque no tengo la paciencia necesaria para escuchar a alguien hasta el final? ¿Con qué frecuencia creo que conozco y aún así no conozco la persona interna, y nunca entro a ese santuario? En consecuencia mis palabras no tienen peso alguno.

Se debe ganar el consentimiento por medio de entendimiento, compasión y amor. Hasta que otros no conozcan nuestro amor, ninguna palabra resolverá, ni siquiera la Palabra de Dios. Pablo lo expresa de esta manera: "El siervo del Señor debe… ser amable para con todos… que con mansedumbre corrija a los que se oponen, por si quizá Dios les conceda que se arrepientan para conocer la verdad" (2 Ti. 2:23–25).

Aquellos esclavizados por el pecado son víctimas del maligno que los ha tomado cautivos para que hagan su voluntad. Si han de ser salvos serán salvos por aquellos que hablan de un modo profundo y convincente mediante el amor.

"Corregir con mansedumbre" sí sugiere acción. Hay un momento para hablar, para ayudar a otros a sentir su contaminación y a lidiar con ella. El pecado es elusivo; todos tenemos nuestros factores falsos y nuestras lagunas. Si nos amamos unos a otros expondremos el pecado a la luz en vez de quedarnos de brazos cruzados mientras él daña a otros. Resulta doloroso confrontar a otros, pero eso es lo que se debe hacer por amor. Fieles son las heridas del que ama (Pr. 27:6). ¡Un verdadero amigo, señaló una vez Ambrose Bierce, es quien te apuñala por el frente!

La cuestión es la responsabilidad: Yo cuido de mi hermano. Soy responsable de otros, de cuidarlos, instruirlos, aconsejarlos, amonestarlos y corregirlos, participar con ellos en su lucha contra el pecado, ayudarlos a ver su profanación y lidiar con ella, pero debo hacerlo con amor y ternura.

Pablo escribe: "Hermanos, si alguno fuere sorprendido en alguna falta, vosotros que sois espirituales (es decir, que confían en el Espíritu de Cristo), restauradle con espíritu de mansedumbre" (Gá. 6:1).

Debemos aprender a lidiar con mansedumbre con las faltas de otros. Debemos aprender a ser menos severos con las ofensas menores, el amor cubre multitud de pecados, aunque mantengamos nuestra firmeza en cuestiones esenciales. La verdadera firmeza es mansa, humilde y amable. "Una lengua mordaz, un corazón orgulloso y una mano de hierro no tienen cabida en la obra de Dios" (Fenelon). Debemos mantener una norma piadosa pero no debemos mantenerla de una manera impía. La sabiduría de lo alto puede en ocasiones ser severa, pero siempre es mansa y amable.

Y aunque la represión amorosa es el deber del amor a mí siempre me ha parecido que el peor argumento para el arrepentimiento es discutirlo enérgicamente. No hay proporción alguna de debate que pueda convencer a un hombre hasta que llegue el momento de la verdad. Será mucho mejor acompañarlos en su viaje, si se lo permiten y esperar el momento de Dios para hablar. Hay pocos preciados que se sentarán con aquellos que batallan en pecado, que serán una presencia serena y amorosa, que sobrellevarán las cargas de los otros, y cumplirán así la ley de Cristo (Gá. 6:2).

Y luego cuando sí hablemos debemos hablar de la gracia y la misericordia de Dios, porque esa es la salvación de cada pecador; ellos deben saber que su tierna amabilidad es perdurable. Es la gracia la que nos enseña a obedecer.

"Nada más que piedad infinita basta para el patetismo infinito de la vida", escribió Amy Carmichael. Dios entiende la miseria humana como nadie. Él conoce a aquellos que de niños han sido pisoteados, destruidos y corrompidos por el mal trato. Él sufre con aquellos que se doblegan bajo una carga de rechazo y vergüenza. Él se apiada de aquellos cuyas esperanzas y sueños se han reducido a nada (Is. 42:3). Su entendimiento es infinito. Es esta "benignidad" la que atrae a los hombres al arrepentimiento (Ro. 2:4).

El amor de Dios, insiste Santiago, "cubre multitud de pecados". Porque el amor ha pagado el precio, una multitud de pecados, todos los pecados acumulados a lo largo de toda una vida, se han eliminado para siempre. "Este es un pasaje muy cómodo de las Escrituras", dice Matthew Henry. "De ahí aprendemos que aunque nuestros pecados sean muchos, incluso una multitud, aún así pueden ocultarse y perdonarse… para que nunca más testifiquen en nuestra contra".

Debemos asegurarles a los pecadores que los pecados más ultrajantes y más frecuentes son perdonados según la gracia y misericordia de Dios. No podrán ir tan lejos donde Dios no los pueda alcanzar. No pueden ir más allá del alcance de su amor y su cuidado. Siempre hay una forma de regresar a Dios. Más allá de la mala noticia de nuestro fracaso y nuestra frustración está la gracia, ese don increíble de Dios.

La gracia significa que Dios nos perdona, no importa lo que hayamos hecho, estemos haciendo o vayamos a hacer. Quiere decir que nuestros pecados han desaparecido para siempre, sustituidos por amor. "Decir que (la gracia) es un favor gratis e inmerecido solo expresa una pequeña parte de su significado. Es el amor sin trabas, sin límites y maravilloso de Dios vertido sobre nosotros en una infinita variedad de formas sin restricciones ni medida, no según nuestro mérito, sino según su desmedido corazón de amor" (Hannah Whithall Smith).

> *¿Perdonaréis Vos ese pecado donde haya comenzado,*
> *que fue mi pecado, aunque se cometió tiempo atrás?*
> *¿Perdonaréis Vos ese pecado que me ha azotado,*
> *y aunque aún fustiga, deploro con dolor voraz?*

Cuando Vos habéis terminado, Vos no habéis terminado,
Porque yo tengo más.
¿Perdonaréis Vos ese pecado que ha logrado
a otros hacer pecar? ¿Volviéndolos de mi pecado su secuaz?
¿Perdonaréis Vos ese pecado que yo he rechazado
hace un año o dos, aunque me he regodeado en veinte más?
Cuando Vos habéis terminado, Vos no habéis terminado,
Porque yo tengo más
Tengo un pecado de temor, que cuando haya entrelazado
Mi última hebra, mi vida se tornará fugaz;
Mas jurad por Vos mismo, que al yo morir, vuestro Hijo amado
Brillará como hasta ahora con resplandor veraz;
Y, tras haber hecho eso, Vos habéis terminado.
Ya no siento temor, sino paz.

— *John Donne*

Gracia también quiere decir que Dios nos ha dado recursos para comenzar de nuevo. La pregunta no es: "¿Podré lograrlo? ¿Seré capaz? ¿Podré superar mi pecado?" La pregunta siempre es: "¿Será capaz *Él*? ¿Podrá transformarme *Él*?" Él dice que puede, aunque pueda tardarse un poco. El propio Dios nos santificará de medio a medio. Fiel es el que os llama, el cual también lo hará (1 Ts. 5:24).

Los pecadores deben comenzar con la parte de Dios, con una seguridad calmada de que la gracia para el próximo acto de obediencia ya se encuentra allí. No tienen que preocuparse por mañana, ni siquiera por esta tarde; pueden continuar adelante sin temor ni frustración sabiendo que el próximo paso se ocupará de sí mismo.

Esa es la buena nueva, el evangelio que debemos transmitirle a los que, mediante el fracaso habitual, se han alejado. Ese es el evangelio para todos nosotros que presentamos dificultad en nuestra lucha por ascender donde la luz. Ese es el consuelo que necesitamos darnos a nosotros mismos y a otros.

Además, debemos garantizarles a los que se han alejado que el amor de Dios seguirá cubriendo sus pecados, porque muchos desean regresar pero temen volver a fracasar. Debemos asegurarles que Dios nunca se decepciona, tampoco se sorprende con el fracaso humano porque resulta inevitable. "Es una idea consoladora", escribió Soren Kierkegaard, "de que siempre nos equivoquemos".

Hace mucho tiempo Dios tomó medida para nuestro mal. Antes de que naciéramos, antes de que hiciéramos algo bueno o malo, nuestro Señor pagó todos nuestros pecados, los que fueron, los que son y los que serán. Por eso su amor "cubre multitud de pecados", incluso el pecado y la culpa todavía no adquiridos.

Y mientras tanto, a pesar de los falsos comienzos y los fracasos, Dios está obrando conformando algunas pequeñas partes de todos nosotros a su semejanza, haciéndonos su retrato, su reproducción, su obra de arte. Podemos estar seguros de esto: "El que comenzó en vosotros la buena obra, la perfeccionará hasta el día de Jesucristo" (Fil. 1:6). Dios terminará la obra tan pronto pueda.

Esta es la buena nueva que debemos transmitirle a los que se han rendido y se han alejado. Este es el remedio al que debemos recurrir para la corrección de su pecado.

No todos lo recibirán. El pecado le es más o menos fiel a los individuos, según la inclinación que ellos tengan por él. No es el pecado como tal lo que los retiene, sino el *amor* por el pecado. Si ellos no quieren pureza, no la tendrán, porque Dios no les endilga nada a los que no lo quieren. Eso no sería ni amable ni sabio.

Pero si los pecadores odian su pecado, si su amor por la verdad es puro y sencillo, si están dispuestos a volverse hacia la luz, aunque hayan caído en una ruina total, pueden ser salvos completamente. Lo que importa no es lo que son, ni lo que hayan sido, sino lo que quieren ser.

Y aunque luchen con el peor de sus pecados durante un tiempo, para algunos la sabiduría inexplorada de Dios, no los puede dominar para siempre. Aprenderán la humildad, verán el progreso en la santidad y aunque se mantiene siempre en proceso conocerán el alivio del perdón total y final. Todos los pecados están cubiertos. La culpa, el temor, y el dolor se transmutan en felicidad y gozo, tanto los de ellos como los nuestros.

Y así Santiago termina su epístola con esta breve nota, dejándonos con esta sencilla y sublime bendición resonando en nuestros oídos: "el que haga volver al pecador del error de su camino, salvará de muerte un alma, y cubrirá multitud de pecados". Esta es la más alta vocación, la sanidad más santa.

Uno de los personajes de George MacDonald pregunta: "¿No está todo el mundo al cuidado de los otros?" Para salvar un alma de muerte, para hacer volver a otro a la justicia, para ayudar a alguien a superar el pecado y la vergüenza para ser mejores, más sabios, parecerse más a Dios, ¿quién podría pedir más?